软岩隧道式锚碇原位缩尺模型试验及稳定性研究

The Field-based Reduced Scale Model Test and Stability Research
on the Tunnel Anchorage in Soft Rock

吴相超　刘新荣　李栋梁　郭喜峰　韩亚峰　著

重庆大学出版社

内容提要

　　隧道式锚碇作为悬索桥的主要锚碇形式,得到了越来越广泛的应用,工程中常常会在软岩及地质条件复杂的地层中修建隧道式锚碇。本书针对软岩特点,系统阐述了软岩隧道式锚碇现场缩尺模型试验方法,并考虑结构面和水等地质条件的影响,开展了软岩和复杂条件下隧道式锚碇原位缩尺模型试验,结合数值模拟等方法,对软岩隧道式锚碇的稳定性进行了系统性研究,相关成果可为类似条件隧道式锚碇的设计施工和科学研究提供参考和借鉴。

图书在版编目(CIP)数据

软岩隧道式锚碇原位缩尺模型试验及稳定性研究 /
吴相超等著. -- 重庆：重庆大学出版社,2024.7
　　ISBN 978-7-5689-4237-9

　　Ⅰ.①软… Ⅱ.①吴… Ⅲ.①悬索桥—锚碇—承载力
—稳定性—数值分析 Ⅳ.①U448.25

中国国家版本馆 CIP 数据核字(2024)第 002134 号

软岩隧道式锚碇原位缩尺模型试验及
稳定性研究

RUANYAN SUIDAOSHI MAODING YUANWEI SUOCHI MOXING SHIYAN JI
WENDINGXING YANJIU

吴相超　刘新荣　李栋梁　著
郭喜峰　韩亚峰

策划编辑:王　婷
责任编辑:杨育彪　　版式设计:王　婷
责任校对:刘志刚　　责任印制:赵　晟

*

重庆大学出版社出版发行
出版人:陈晓阳
社址:重庆市沙坪坝区大学城西路 21 号
邮编:401331
电话:(023)88617190　88617185(中小学)
传真:(023)88617186　88617166
网址:http://www.cqup.com.cn
邮箱:fxk@ cqup.com.cn(营销中心)
全国新华书店经销
重庆升光电力印务有限公司印刷

*

开本:720mm×1020mm　1/16　印张:15.25　字数:226 千
2024 年 7 月第 1 版　　2024 年 7 月第 1 次印刷
ISBN 978-7-5689-4237-9　定价:98.00 元

前　言

　　加快西部交通设施建设是实现构建"陆海内外联动、东西双向互济"开放格局的基础条件之一,也是落实新时代西部大开发形成新格局的重中之重。我国西部(特别是西南地区)多高山、高原,区域内山高坡陡,沟谷纵横,桥梁是跨越沟谷、江河,连接陆路交通的重要媒介。悬索桥在发挥材料性能和加劲梁高跨比方面具有显著优势,是目前大跨径桥梁的主要形式之一。

　　悬索桥依据锚碇形式的不同可分为地锚式和自锚式,地锚式悬索桥的锚碇主要分为重力式锚碇和隧道式锚碇。其中,重力式锚碇对围岩性质和地质条件的要求较低,但工程量巨大;隧道式锚碇具有混凝土体量小、承载力高和环境干扰小等优点,得到了越来越多的工程应用。《公路悬索桥设计规范》(JTG/T D65-05—2015)中强调,在锚址区地质条件较好、地形有利于锚碇布置时,需首先考虑修建隧道式锚碇的可能性。随着隧道式锚碇逐步推广应用,常常会在软岩及地质条件复杂的地层中修建隧道式锚碇。目前,关于复杂地层条件下隧道式锚碇稳定性的研究尚不够完善,基础研究滞后于工程的应用与发展。

　　本书针对软岩地层特点,并考虑结构面和水等地质条件的影响,开展了软岩和复杂条件下隧道式锚碇缩尺原位模型试验,在此基础上,结合数值模拟等方法,对软岩隧道式锚碇的稳定性进行了研究,主要包括软岩隧道式锚碇缩尺模型试验、水对软岩隧道式锚碇稳定性影响的缩尺模型试验、结构面对软岩隧道式锚碇稳定性影响的缩尺模型试验、软岩隧道式锚碇锚址区岩体参数反演、软岩和复杂条件下隧道式锚碇稳定性的数值模拟、隧道式锚碇缩尺模型试验典型案例等内容。

在相关成果研究和本书撰写过程中，得到了郑颖人院士的关心和指导，也得到了邬爱清、周火明、李维树等同行专家的指导帮助，以及相关科研、设计和施工单位的大力支持，参考和引用了一些同行专家的文献资料，在此一并表示最诚挚的谢意！同时，感谢国家自然科学基金项目（41772319）的资助。

因著者水平有限，书中错漏之处在所难免，敬请读者批评指正。

著　者

2023 年 12 月于重庆

目　录

第1章 绪 论

1.1 研究背景及意义

我国山地占国土总面积的三分之二,特别是西部区域大部分跨越山谷,地形地质条件复杂,沟深坡陡,且多为季节性冲沟。为带动山地区域的经济与社会发展,交通建设尤为重要。基于我国西部山区的地形特点,山区公路建设构造物多采用路基方案和桥梁方案,但从安全、经济和环保的角度出发,桥梁是优先选择方案。常见的公路桥梁类型有梁式桥、拱式桥、钢架桥、斜拉桥以及悬索桥等,其中悬索桥是目前公认跨越能力最强的一种桥型。悬索桥的加劲梁高基本不随跨径的增加而增高,可有效避免高墩跨越,同时可降低大型基础工程施工体量,是当前我国西部山区交通建设中理想的桥梁结构形式。

悬索桥主要由锚碇、加劲梁、主缆和桥塔4部分组成。锚碇作为悬索桥的最主要承力构件,可分为地锚式和自锚式两大类,其中地锚式又可分为重力式锚碇和隧道式锚碇两种。隧道式锚碇可有效减少工程的开挖量和混凝土用量，在节约投资和保护自然环境等方面均具有明显的优势。

隧道式锚碇在主缆巨大的拉力作用下，通过楔形的锚塞体与周围岩体间的相互作用，构成一个复杂的受力系统。由于锚塞体本身的强度和缆索与混凝土之间的锚固力较易满足工程设计的要求，因此隧道式锚碇的稳定性问题主要集中在锚碇围岩的稳定，即隧道式锚碇洞岩体的开挖和开挖后岩体二次承受巨大荷载后的变形和稳定。悬索桥的主缆张拉荷载通过倒楔形的锚塞体向周边岩体扩散，带动较大范围内的岩体参与承载。周边岩体受锚塞体的挤压作用而产生压剪应力，在此应力状态下，由于岩体的剪胀性和应变硬化性质，导致锚塞体周边岩体能够提供非常大的抗拔力。隧道式锚碇属于广义岩体锚固工程，类似于土体中的抗拔桩基础、岩土体锚索的锚固段，但抗拔桩桩体一般为等截面且桩体呈铅直状态，而锚索锚固段的尺寸与锚碇结构相比小得多，因此其荷载传递规律和锚固机理有别于隧道式锚碇结构。特别是楔形锚塞体诱使岩体产生巨大的"夹持效应"，使隧道式锚碇的承载能力远远大于混凝土与围岩接触面的抗剪强度。

如何科学合理地进行隧道式锚碇的抗拔稳定性设计，目前国外尚未形成全面、系统性的设计规范或标准。我国同样面临着隧道式锚碇理论设计的瓶颈。已有的《公路悬索桥设计规范》（JTG/T D65-05—2015）中虽有提到隧道式锚碇这一概念，但也基本上只是一些设计和施工建议。此外，在进行隧道式锚碇抗拔安全系数的计算时，将锚塞体及其垂直投影上方的围岩视为重力式锚碇，采用重力式锚碇的抗滑稳定计算方法计算隧道式锚碇的稳定安全系数，将隧道式锚碇与重力式锚碇不加区分，完全忽略由楔形锚塞体诱发岩体产生的"夹持效应"的影响，这在很大程度上低估了隧道式锚碇的承载能力，造成设计浪费。此外，由于目前对隧道式锚碇承载机理的认识不够深入，对即便具备隧道式锚碇使用条件的复杂地质工况，在进行悬索桥锚碇选型设计时，宁愿舍弃经济、环保的隧道式锚碇，而采用大开挖大回填、对环境扰动较严重的重力式锚碇。

掌握锚塞体与围岩间的荷载传递特征及岩体的变形破坏规律,是揭示隧道式锚碇抗拔承载机理、指导隧道式锚碇结构设计的基础。楔形锚塞体与岩体间存在复杂的相互作用关系,使理论分析在揭示隧道式锚碇的承载机理中存在一定难度,而数值分析在岩体物理学参数的确定、本构模型的选取以及边界条件的设定等方面存在一定误差,计算结果的可靠性有待进一步验证。原位缩尺模型试验将锚址区的原岩作为直接承载介质,依据几何相似比构筑楔形锚塞体,同时借助高精度的监测元件,可以较准确地获得隧道式锚碇承载过程中锚塞体的力学响应特征和岩体的变形发展规律及破坏演化过程。因此,原位缩尺模型试验对认识隧道式锚碇系统的承载特性及破坏机理具有重要的意义。

1.2 国内外研究现状

1.2.1 隧道式锚碇的应用现状

悬索桥是目前公认跨越能力最强的一种桥型。虽然有资料表明,斜拉桥跨径可达 1 000 ~ 1 500 m,但与之相比,悬索桥在充分发挥材料性能和加劲梁的高跨比两方面具有更显著的优势,是跨越海峡、大江大河、深沟峡谷的理想选择。悬索桥的发展分为两个时期:前期是从 1801 年雅各布洞悬索桥到布鲁克林悬索桥;后期首先是 20 世纪 60 年代前的美国悬索桥,其次是 20 世纪 60 到 80 年代的欧洲悬索桥,最后是 20 世纪 70 年代后的日本悬索桥。悬索桥结构的主要组成部分有主缆、吊杆、加劲梁、索塔、锚碇等。主缆拉力是通过锚碇结构传递给地基的。重力式锚碇作为悬索桥的重要锚固系统形式贯穿隧道式锚碇发展的前期和后期,直到 1932 年美国乔治·华盛顿大桥首次提出大跨悬索桥的承载构件为柔性的(指本身抗弯刚度很小)大缆、锚碇(落在地上的隧洞锚碇)以及承托大缆的主塔适应大跨及大吨位荷载的设计构思,而其中隧洞锚碇(隧道式锚碇)为悬索桥锚固系统发展开辟了新领域。国外悬索桥的锚碇采用隧道式锚碇主要还是从悬索桥后期开始的,以美国乔治·华盛顿大桥为起点。国内隧道式锚碇在桥梁中的应用起始于20世纪90年代,而后取得了蓬勃发展。

1)国外应用隧道式锚碇的典型工程

美国乔治·华盛顿大桥:1932年建成,跨赫德森河连接纽约和新泽西,跨径组合为186 m+1 067 m+198 m,双索总荷载1 100 MN,新泽西岸采用隧道式锚碇,其断面尺寸:14.2 m×17.1 m,锚塞体长45.7 m,倾角40°。

英国Forth公路桥:1964年建成,跨径组合为408 m+1 006 m+408 m,双索总荷载280 MN,两岸均采用隧道式锚碇,其中南岸断面尺寸:洞口圆形直径7.62 m,洞底10.67 m×13.72 m,锚塞体长76.8 m,而北岸断面尺寸:洞口6.1 m×12.2 m,洞底12.8 m×12.2 m,锚塞体长53.8 m,倾角30°。

日本下津井濑户公路、铁路两用桥:1988年建成,跨径组合为130 m+940 m+129 m,双索总荷载640 MN,北锚碇采用隧道式锚碇,其断面尺寸:洞口6.7 m×10.95 m,洞底14.7 m×13.95 m,锚塞体长77.2 m,倾角38°。

2)国内采用隧道式锚碇的典型工程

丰都长江大桥:1997年建成,主跨长450 m,双索总荷载136.9 MN,两岸均采用隧道式锚碇,锚碇由洞室结构、拉杆的支架、钢拉杆、锚体和散索鞍等组成,洞身长52 m,分为洞口段12 m(入口至散索鞍处)、洞身段30 m(散索鞍至锚体前缘)、锚体段10 m,洞身断面为变截面,呈放射性由小变大,洞内三次变坡,最大倾角42°隧洞截面上小下大。其中锚碇断面尺寸:7.0 m×8.0 m,锚塞体长10 m,倾角35°。同期的广东虎门大桥主跨长888 m,双索荷载318 MN,原设计方案采用隧道式锚碇,但和传统重力式锚碇方案对比时,其隧道式锚碇方案最终未被采用。

鹅公岩大桥:2000 年建成,桥梁跨径布置为 210 m+ 600 m+210 m,双索总荷载 260 MN,该桥东锚碇为隧道式锚碇,锚塞体纵断面类似于扩底抗拔桩,横断面为马蹄形状。其中锚碇断面尺寸:洞口 9.5 m×10.5 m,洞底 12.5 m×13.5 m,锚塞体长 42 m,锚碇的轴线与水平面呈 26°夹角。为了增强其抗滑稳定性,在锚体底部设置了 8 根 ϕ2.5 m 抗滑桩,用于增强锚碇的抗拉拔能力,构建了锚碇加抗滑桩的复合隧道式锚碇。

忠县长江大桥:2001 年建成,主跨 560 m。西岸锚碇采用隧道式锚碇和岩锚相结合的组合结构(复合隧道式锚碇),锚室长 26 m,锚塞长 13 m,岩锚长 3 m,锚碇系统穿越岩层为泥岩、泥质粉砂岩、长石石英砂岩层。

角笼坝大桥:2005 年建成,位于国道 214 线(滇藏公路)K1845+500 m 处,属西藏自治区芒康县。该桥为一斜跨角笼坝泥石流沟的单跨、双塔,钢桁加劲梁与钢筋混凝土桥面板组合悬索桥,主跨 345 m。该桥主缆的锚固体系在两岸均采用带预应力锚索的复合隧道式锚碇,锚塞体为变截面楔形体,长 13 m,横断面为马蹄形,前后端面分别宽 8 m 和 12 m,锚碇倾角约 34°,最大埋深 55 m。锚塞体后加设 74 根 4-7ϕ24 钢绞线编制的预应力锚索,深入岩层中的单根分锚长 12 m,其内锚段长 8 m,设计初始预应力为 0.75f_{ptk}。

坝陵河大桥:2009 年建成,该桥主跨 1 088 m,主缆总荷载 540 MN。西岸采用隧道式锚碇,纵断面为前小后大的楔形,横断面为马蹄形状:洞口 10 m×10.8 m,洞底 21 m×25 m,锚塞体长 40 m,倾角 45°。

四渡河特大桥:2009 年建成,主跨 900 m,主缆总荷载 400 MN。该桥位于沪蓉国道主干线宜昌至恩施段,隧道式锚碇与公路隧道叠置。隧道式锚碇主要由鞍室、锚塞体、后锚室三个部分组成。锚塞体长度 40 m,锚碇底部与隧道顶部距离 23 m。鞍室采用等截面,从散索鞍到前锚面为 20 m,两侧鞍室长度依锚塞体左右两侧地形的变化而不同,降低对山体的破坏。锚塞体采用现浇的预应力混凝土。纵断面为前小后大的楔形,在轴向拉力作用下,可对围岩体产生正压力,横断面为马蹄形状。锚塞体周向每 4 m 设置深 2 m 的外突棱条,其作用类似于钢筋的螺纹。其中宜昌岸采用隧道式锚碇,断面尺寸:洞口 9.8 m×10.5 m,洞底 14 m×14 m,锚塞体长 40 m,倾角 35°。

矮寨大桥:2012 年建成,主跨 1 176 m,主缆总荷载约为 580 MN。茶洞岸采用隧道式锚碇,其断面尺寸:洞口 11 m×12 m,洞底 15 m×16 m,锚塞体长 43 m,倾角 38°。

万州长江二桥:2003 年建成,是当时世界上唯一采用的复合式隧道式锚碇的大跨径悬索桥,该桥单侧锚碇总长为 59 m,混凝土锚塞体长 19 m,锚塞体后设 28 根岩锚,每根岩锚深入岩层达 20 m,每根岩锚的拉杆采用 12-7ϕ5 的钢束,锚杆锚固段长为 7 m,设计拉力为 600 kN,在锚固段前端设计一段长为 8 m 的自由段。

国内相关已建成的隧道式锚碇,除鹅公岩大桥的隧道式锚碇体设置数根抗滑桩、万州长江二桥隧道式锚碇锚体后设置岩锚即复合式隧道式锚碇外,其余都是采用传统结构形式的隧道式锚碇,即在基岩内开凿隧洞,在隧底设锚碇板或填塞一段混凝土作为锚块,单纯地利用锚塞体与周边岩体之间的摩擦力及周边岩体对锚塞锥体夹持力来平衡主缆拉力。

1.2.2　隧道式锚碇系统的缩尺模型试验研究

悬索桥巨大的主缆拉力通过锚碇结构传递到锚址区岩体上,工程岩体的稳定性是隧道式锚碇结构的关键问题之一。工程岩体的力学特性是隧道式锚碇设计的最基本参数,由于工程岩体的复杂多样性,岩体的力学特性差异性较大,因此,在建设隧道式锚碇之前必须首先对锚址区的岩体力学特性进行研究和论证。程鸿鑫等人根据虎门大桥东锚碇的具体地质资料进行综合分析,并考虑到软弱结构面所组成的最不利组合,得到了在主缆荷载作用下,岩体存在两种失稳可能性:由两组软弱结构面形成的台阶状滑动面和沿缓倾结构面切断岩桥面形成反倾平面滑动面。陈有亮在虎门大桥东锚碇的结构方案比选论证中,对混凝土锚(锚塞体)与基岩胶结面的抗剪特性及剪断后的摩擦特性、软弱结构面的抗剪性能、岩体内软弱结构面夹泥的流变特性等开展了现场试验研究,认为岩坡稳定性与岩坡内所含结构面的组数、结构面的产状以及产状的组合关系是进行锚碇工程设计和方案比选的关键因素。邬爱清等人针对四渡河特大桥宜昌岸隧道式锚碇,开展了围岩基本地质特征与岩体质量评价,并根据室内岩石力学试验和岩体力学试验结果为隧道式锚碇的设计提供参数依据。张奇华等人对矮寨大桥茶洞岸隧道式锚碇的主要地质缺陷和影响基岩稳定的关键问题进行了总结分析,论证了矮寨悬索桥隧道式锚碇结构设计的合理性。吴相超、肖本职等人针对鹅公岩大桥采用隧道式锚碇的东岸岩体进行了室内岩石力学试验和岩体力学试验,按照工程岩体分级标准对岩体进行分级并提出该工程岩体力学参数建议值及锚碇的可能破坏模式,为鹅公岩大桥东锚碇的建设运营提供合理的技术保障。这些岩体的结构特性和力学特性的合理评价为悬索桥锚碇方案比选和设计优化提供了依据。

室内岩石力学试验和现场测定的岩体力学参数综合评价岩体成为岩石力学性质研究的最基本的手段,但得到的岩石力学参数与实际相比差距较大。另外,由于在悬索桥主缆荷载作用下,隧道式锚碇与周边岩体的相互作用使围岩的受力特性比较复杂,室内岩石力学试验和岩体力学试验结果只能反映出场区围岩的基本力学特性,并未体现锚塞体与周边岩体的相互作用特性,加之室内试验确定的岩体参数又受到明显的尺寸效应影响,以及对岩体的实际本构并不十分清楚,要想获得可靠数据,必须通过试验和现场测试才能够准确地评价。因此,大多悬索桥隧道式锚碇是在岩石力学试验结果基础上,通过在实桥锚塞体附近开挖平洞以开展缩尺模型试验研究,从而获得锚碇在张拉荷载作用下的变形情况及承载特性。典型隧道式锚碇缩尺模型试验列举如下。

虎门大桥隧道式锚碇拟构筑于威远山山体内,山体内岩体为侏罗系的浅薄至中厚层的泥质粉砂岩和石英砂岩互层,地层走向北西,倾向东南,倾角50°~60°。程鸿鑫、夏才初等人在广东虎门大桥东岸进行了几何相似比为1∶50的隧道式锚碇现场结构模型试验,缆索荷载逐级增加,结果表明当拉拔荷载为缆索设计荷载的 4.8 倍时，隧道式锚碇系统已进入塑性变形阶段，得出了超张拉试验下隧道式锚碇弹性极限安全系数为 4.8。经综合比较，最终放弃了隧道式锚碇方案。

四渡河大桥隧道式锚碇构筑于灰色薄层致密灰岩及夹含泥质、白云质灰岩，岩层近直立状的地质条件，朱杰兵、邬爱清等人进行了几何相似比为 1∶12 的现场双洞模型长期流变试验和瞬时超载试验研究，研究了锚碇周边岩体的时效变形及应变分布特征，得出布置在锚碇底部的测缝计以监测锚塞体底部混凝土与岩体之间的张开值的增大趋势基本上与外荷载一致、后锚面至前锚面沿拉力方向布置的应变计随埋深减小，以及在拉力作用下随着外拉力的增加，锚塞体周边岩体的变形呈增加趋势；锚碇周边岩体的变形形态以指向坡外为主，呈现从孔底向孔口递减的一般特征等试验结论，并确定隧道式锚碇极限抗拉拔力大于 7.6 倍设计荷载（考虑现场拉拔试验的安全，在模型锚张拉到 7.6 倍设计载荷后，结束极限超张拉试验），长期稳定安全系数不小于 2.6。

鹅公岩大桥东锚碇筑于粉质砂岩和砂质泥岩互层中。肖本职、吴相超等人开展了几何相似比为 1∶12.5 的双洞结构模型试验，分析了隧道式锚碇周边岩体稳定性，得到现场试验的两锚洞中间的垂直孔（与前锚面锚碇形心在同一平面内）不同埋深的点位移随荷载的增加而增加，锚间岩体垂直方向表现呈上台；位于两锚洞中间斜孔（平行于锚洞轴线），以锚洞底为起点，沿拉力方向的各测点位移随荷载增加而增长的趋势较一致；采取逐级施加缆索荷载至 4.6 倍设计荷载后上游张拉锚索断裂，再将下游锚索荷载逐渐卸载至 0。试验结果表明，在 4.6 倍设计荷载作用下，隧道式锚碇系统的位移量仍较小等试验结论，最后结合灰色 GM（1,1）模型预测了隧道式锚碇极限承载力为设计荷载的 6.09～6.15 倍。

胡波等人针对坝陵河大桥西岸隧道式锚碇开展了几何相似比为 1∶30 和 1∶20 单锚结构的缩尺模型试验，研究了锚碇结构、围岩在拉拔应力条件下，二者位移和应力的分布规律，得出了锚碇前、后锚面横截面上位移呈马鞍形分布、锚体轴向位移的变化近梯形分布以及荷载中心处的弹性形变远大于永久形变,而远离中心的岩体以塑性变形为主,隧道式锚碇系统并不是简单地沿锚体和围岩的接触面发生破坏,极有可能是发生倒塞体形的整体破坏等试验结论,还探讨了模型尺寸对强度、变形的影响,得出了相同应力水平下,大尺寸模型的位移较大。赵海斌等人根据坝陵河大桥西岸隧道式锚碇的模型试验结果研究表明,在工作荷载下,锚碇与围岩之间存在较大的相对位移,岩体的完整性对锚碇和围岩的变形位移具有明显的影响。

张奇华针对普立特大桥在炭系灰岩中进行了相似比为 1 : 25 的隧道式锚碇抗拔能力现场模型试验,通过不同荷载的弹塑性试验,得出了隧道式锚碇超载稳定系数大于8,锚体破坏模式发生在围岩沿不利结构面破坏,且破坏前经历了很长的屈服变形阶段。

汪海滨等人对角笼坝大桥带预应力岩锚的隧道式锚碇进行了几何相似比 1 : 33 的现场模型试验,论证了预应力岩锚在隧道式锚碇系统的作用机制,得出围岩对锚碇的夹持作用对外载的分担在与岩锚组成的系统中自平衡,锚索预应力大小控制着资源(岩体中能被调动的承载能力)的分配。预应力过大会对岩体产生无利的变形和次生应力,过小则仅起加筋作用,无益于系统的应力重分布。岩锚预应力宜控制在$(0.75 \sim 0.85) \times 0.75 f_{\text{ptk}}$,锚碇和锚索对外载的贡献相当。

以上模型试验成果对隧道式锚碇稳定分析和结构设计起到了关键的指导作用,也为后期开展类似隧道式锚碇设计和施工提供了借鉴。相比传统的隧道式锚碇,复合式预应力岩锚虽然作为一种新型的隧道式锚碇形式,但目前关于这方面的研究资料相当少,虽已有角笼坝大桥进行了岩锚和锚塞的受力分配比例的锚塞体试验,但试验过程中,如何合理得出岩锚初始预应力,充分调动锚塞体承受主缆拉力,以此调整整个系统受力分配仍然需要进一步解决。不管传统的隧道式锚碇,还是复合隧道式锚碇,锚碇体都是悬索桥的主要承载主体。为此,传统隧道式锚碇的工作性能仍然是关注的重点,仍需充分认识围岩的优越承载性能。从目前试验情况看,受试验条件、环境因素、安全保障等的影响尚没有一个模型试验做到岩体弹性变形-塑性变形-极限破坏全过程,往往在隧道式锚碇系统刚进入塑性变形阶段即中止加载。这些试验结果也表明,目前设计建造的隧道式锚碇抗拔能力除承受工程载荷需要外,尚有较大的富余。由于目前现场模型试验结果并没有很好地反映隧道式锚碇系统的破坏过程和破坏形态,而利用现场模型试验开展"夹持效应"分析的研究工作也未见公开发表,因此,现场试验结果还不足以准确认识不同岩性及结构特征的隧道式锚碇系统在主缆荷载作用下的应力分布和变形特征,尤其是隧道式锚碇的承载特性及破坏模式并不能得到清晰明确的揭示,甚至在均质岩体中的破坏模式都没有统一结论。目前对隧道式锚碇系统的承载特性及破坏机理认识不够,使得设计仍较为保守。同样地,现有原位缩尺模型锚试验关于试验加载方式(后推法与前拉法施加荷载)对锚碇、围岩位移的影响;模型试验过程中往往要做多组荷载级的试验,上一级积累的围岩残余变形对下一级荷载下位移变形的影响;隧道式锚碇埋深对隧道式锚碇整体变形的影响;隧道式锚碇缩尺模型尺寸效应对隧道式锚碇拉拔力学机理的影响;水文地质条件对锚碇区岩体稳定性,进而对隧道式锚碇拉拔力学机理的影响等都有待进一步研究。

1.2.3 隧道式锚碇系统的数值仿真研究

现场模型试验耗资不菲,且受地形、地质、施工条件变化影响限制其推广使用,加之隧道式锚碇体与周边岩体之间的相互作用特性,在主缆荷载作用下,锚碇周边岩体的受力特性相当复杂,仅仅通过模型试验很难认识隧道式锚碇系统的空间变形受力特征。而随着现代电子计算机技术的发展,数值仿真技术在岩土工程领域得到广泛应用,相比现场模型试验,数值模拟方法可计算更大主缆超载作用下锚碇周边岩体的变形受力情况,因此,众多学者结合缩尺模型试验采用数值模拟分析方法对隧道式锚碇系统进行了分析和研究。

隧道式锚碇与周边岩体的相互作用是影响隧道式锚碇系统承载和变形特

性的关键因素,其承载能力是众多工程学者关注的最主要问题。夏才初等人结合三维有限元应力分析得出虎门大桥锚碇口下部岩体局部处于受拉状态,而上部岩体都处于受压状态。张利洁等人采用 FLAC 3D 分别对四渡河大桥及鱼嘴两江大桥的隧道式锚碇系统进行三维弹塑性分析,研究结果表明隧道式锚碇系统的破坏模式主要为拉或拉剪破坏,隧道式锚碇与围岩的接触面对该系统稳定性具有重要影响。罗莉娅等人对四渡河大桥隧道式锚碇的围岩进行了研究,以该工程岩石材料进行蠕变试验得到的本构关系为基础,利用有限元分析软件对围岩进行了黏弹性模拟分析,并通过定性分析隧道式锚碇的结构稳定问题,以判断隧道式锚碇系统的整体性和安全度。胡波等人利用 FLAC 3D 对坝陵河大桥借助数值试验来考察极限荷载条件下,锚碇-围岩系统的应力场及塑性破损区分布规律,得出隧道式锚碇破坏是以剪切破坏为主,辅以拉张破坏的复合型破坏,形态类似塞体状。茅兆祥等人运用三维有限差分法软件对某特大桥的隧道式锚碇区岩体(软硬岩互层)的稳定性进行了数值模拟,分析了原始山体、施工开挖后以及在主缆荷载、塔基荷载作用下岩体的变形、应力状态以及拉应力、塑性区分布,计算了各种工况下岩体的稳定性。彭建国等人利用 FLAC 3D 计算了矮寨大桥茶洞岸隧道式锚碇系统在岩体开挖、施加主缆荷载等工况下,隧道式锚碇、塔基与公路隧道围岩及山体的稳定性,研究结论表明隧道式锚碇因在周边岩体挤压效应作用下而产生强大的抗拔能力,其承载能力被严重低估。

除用数值分析认识隧道式锚碇空间拉拔力学机制之外,在隧道式锚碇优化方面也有相关文献成果。江南、冯君等人通过数值软件 ABAQUS 研究了悬索桥隧道式锚碇横断面形状对其承载性能影响,认为在断面面积相等的情况下,圆形断面承载性能优于马蹄形断面。此外,曾钱帮等人利用数值计算对坝陵河悬索桥西岸隧道式锚碇体的长度方案进行比选论证,得出锚塞体长度的确定与设计主缆力的数值大小有关,还应考虑如何充分利用锚塞体周边岩体的力学性能。汪海滨等人利用 ANSYS 软件对角笼坝大桥隧道式锚碇与围岩的接触开展系统的承载特性研究。结果表明,锚碇体倾角、长度、放大角、接触界面粗糙度及结合程度均是系统稳定性的重要影响因素,其中锚碇倾角对控制锚碇沿轴向的刚体位移和周边岩体内的扰动效果比较明显;增加锚碇长度控制位移起效甚微,但对控制锚碇周边岩体的应力量值非常有效;粗糙的带齿坎台阶面设计的作用效果明显。以上隧道式锚碇结构设计参数研究论文成果可为今后隧道式锚碇优化、设计和施工提供借鉴。

另外,隧道式锚碇系统作为悬索桥的结构部件并非独立存在,往往与悬索桥塔基、公路隧道等组成结构体系,在施工开挖过程中存在相互影响,隧道式锚碇系统与邻近结构物之间的相互作用关系及施工工序也是影响工程整体稳定性的重要因素。因此,部分学者利用数值模拟方法就隧道式锚碇系统及周边环境开展了相互作用影响分析。焦长洲等人对南溪长江大桥泸州岸隧道式锚碇及上覆公路隧道各施工过程进行数值模拟,研究不同工序下各施工阶段支护结构的内力响应以及围岩体的应力场与位移场分布规律等力学行为。结果表明,锚碇与隧道的相互作用影响区域集中在锚室前端及上覆隧道洞口段范围内,且影响程度随两者之间距离的增大迅速减小;在设计主缆荷载作用下,上覆隧道洞口段发生向上位移,但量值相对较小,从岩体塑性区发展及支护结构受力状况来看,先建锚碇后修隧道的工序更加合理。董志宏等人利用 FLAC 3D 对矮寨大桥的施工开挖过程引起的隧道式锚碇、塔基和公路隧洞围岩位移和应力变化进行模拟,论证了该锚碇系统的长期稳定性。朱玉等人利用 ABAQUS 软件对四渡河大桥隧道式锚碇与下方公路隧道的相互作用进行了分析探讨,论证了工程施工开挖工序的合理性。于春对坝陵河大桥公路隧道施工、隧道式锚碇系统开挖回填等工序进行了数值模拟,为工程设计和施工提供了依据。黎高辉等人结合矮寨大桥的工程实践,采用 MIDAS/GTS 对茶洞岸锚碇和下穿公路隧道之间的相互作用机制进行研究。研究表明,开挖阶段锚-隧相互作用程度具有不对等性,即锚-隧影响大于隧-锚影响。在设计大缆拉力荷载作用下,下穿隧道的存在明显地改变了锚碇附近围岩的位移分布,导致锚碇附近围岩节点位移曲线发生整体下沉、旋转。

这些针对实际工程的数值模拟研究成果为隧道式锚碇结构的建设提供了必要的分析和论证。研究结果表明,在主缆荷载作用下,隧道式锚碇后锚面之前的围岩呈现压剪应力状态,而后锚面之后的围岩呈现拉剪应力状态;隧道式锚碇系统围岩的变形呈倾斜的倒塞体形,后部变形比前部大,相应的破坏面形式呈现出近似圆台状或略向外扩散的圆台状;而不同岩性和结构的岩体,围岩变形形态、应力分布和附加应力扩散范围,以及破坏模式会有所不同。隧道式锚碇系统围岩因附加应力扩散而向外挤压,导致较大范围的围岩承受主缆荷载作用,围岩与锚碇形成强大的"夹持效应",从而使隧道式锚碇系统的承载能力远大于锚碇混凝土与围岩之间的抗剪能力,因此,隧道式锚碇系统具有较高的稳定安全性。

然而,基于连续介质力学的数值模拟,难以对破坏面的发展过程进行模拟;基于非连续介质力学的数值模拟,在破坏面形成、介质剪胀性和应变硬化过程分析中也存在很大难度。另外,由于锚碇周围岩体的力学特性相当复杂,不同岩土体本构模型、不同数值模拟方法计算得到的结果也并不完全相同,虽然数值模拟仿真在弹性阶段的结果得到了现场模型试验的验证,但目前现场模型试验并未能很好地反映出隧道式锚碇的破坏过程和破坏形态,使超载作用下隧道式锚碇系统的数值仿真模拟结果,尤其是破坏模式、极限承载能力分析均缺乏必要的试验验证。

总之,到目前为止,国内外已建和在建的特大悬索桥采用隧道式锚碇形式的数量还很有限,工程应用经验相对较少,对该结构形式的承载特性及破坏机理的理论认识仍远远不足。隧道式锚碇系统的承载特性及破坏机理研究主要是岩体力学问题,隧道式锚碇系统的力学作用机理问题没有获得突破,核心在于模型试验中没有真正获得围岩变形破坏过程和破坏面形态。正是由于隧道式锚碇系统的承载特性及破坏机理不明确,影响了隧道式锚碇结构的设计水平,阻碍了隧道式锚碇这种性价比高、环境友好的结构形式在交通基础建设中的广泛应用。随着西部交通建设的迅猛发展,为建设资源节约型、环境友好型社会,悬索桥作为当前我国西部交通基础设施建设的理想结构形式,必将越来越广泛地得到应用。因此,具有深厚理论意义和工程价值的隧道式锚碇系统承载特性及破坏机理必将引起更大关注和深入研究。

1.2.4　水对锚碇区稳定性影响的研究

目前跨江悬索桥采用的隧道式锚碇,其所在的锚固区域基本位于江河两岸,而水位的变化势必会对锚碇区及锚碇产生影响,如锚碇区水对岩体的软化影响、水位上升产生的渗透压力的作用,以及锚碇系统长期处于腐蚀环境中,将缩短锚碇系统的疲劳寿命以及锚区的稳定性等,都会对隧道式锚碇后期工程运营产生不利影响。

锚碇区的稳定性是隧道式锚碇稳定的基本保证,而锚碇区的稳定性主要受水岩作用机理的影响。边坡的变形发展及破坏是一个复杂的过程,影响因素很多。内在因素有岩体性质、岩土体结构,这些因素的变化是十分缓慢的,它们决定锚碇区变形的形式及规模。江河湖水位周期性的涨落使江水常年渗入渗出松散坡体,不仅大大弱化了岩土体的力学性质及其强度,而且由于水动力作用,导致边坡产生较大变形甚至失稳,锚区稳定分析不可忽视的重要因素就是水的渗流作用。以前出露于地表的岩土体,因水位上升而被淹没,锚碇区裂隙中的泥质或岩质岩层在干燥状态下强度较高,但在雨水渗入或地下水水位升高而受到浸湿时,就会软化、泥化,c、φ 值都会降低,抗剪强度降低。特别是页岩、黏土岩等软岩锚碇区在降雨条件下由于雨水对岩石的软化作用,多表现为锚区表面局部垮塌与整体滑动相结合的破坏模式,所以在分析降雨条件下锚区稳定性时考虑岩石遇水产生的软化效应是必不可少的。隧道式锚碇在巨大的拉拔荷载作用下,其携带的附近基岩将参与抗拉拔作用,而由于地下水的存在,会对基岩及胶结面产生软化作用。根据试验资料,水对岩石强度的软化因岩石种类不同而影响程度不同。一般而言,水对岩浆岩类和大部分变质岩类及少数沉积岩类的影响要小些;而对少数岩浆岩、部分变质岩和大多数沉积岩类的影响要大些,特别对泥质岩类影响甚为显著。基岩强度被削弱,相应的胶结面抗剪强度也会有所降低。

另外,锚碇作为悬索桥主要承重结构之一,锚碇系统的安全性、稳定性和耐久性对悬索桥的安全运营起到至关重要的作用。部分隧道式锚碇工程中,由于后期运行环境发生改变,如建坝引起水位的上升导致锚碇洞室及混凝土锚塞体均处于水位以下,因为锚室口距江边的距离有限,且锚碇附近的岩层结构变化较大、裂隙较发育和透水性相对较好,所以导致江水更多地渗入锚室内,势必使锚碇系统处于腐蚀环境中,缩短锚碇系统的疲劳寿命,这对隧道式锚碇后期工程运营十分不利。锚碇系统在腐蚀环境下,腐蚀介质不仅会对普通钢筋和预应力筋造成腐蚀破坏,同时也会对缆索造成腐蚀,因为缆索受力大,截面小,导致缆索应力非常大且由于钢绞线材质较脆,在轻微的腐蚀作用下也会导致较大的断面损失率。预应力钢筋和缆索发生腐蚀时,不仅在表面没有产生锈斑,混凝土保护层也不会层裂和剥落,而且容易在毫无防备的情况下突然断裂造成结构破坏。根据丰都长江大桥现场实际收集环境腐蚀因素的具体数据,应用灰色关联度分析和可拓学理论相结合的方法对锚碇系统的腐蚀情况进行评估,得出丰都长江大桥上下游侧的南、北锚碇均为Ⅳ级,即微腐蚀,所得结果与实际腐蚀情况相吻合,并以丰都长江大桥为依托,结合前面实际调查的数据进行综合分析,得出具体的排水和防潮除湿处理方案。

山区跨江悬索桥具有较好的工程地形条件,较经济的隧道式锚固系统更适宜在悬索桥建设中使用。某长江大桥北岸锚碇采用隧道式锚碇,可能在拟建某水电站正常成库蓄水后较高的水位条件使得70%的锚塞体处于长江水位以下,对保证锚碇结构的可靠受力、防水及洞室内部各种钢构件的防腐效果影响甚大,会降低隧道式锚碇及围岩稳定性,改变锚碇的受力与变形,使锚碇系统产生了很大的应力场,随着水位的变化,应力场不断调整,引起锚碇系统受力集中,导致衬砌表面出现裂缝、锚室(锚洞)开裂与偏位、锚头与散索鞍锈蚀等病害的发生,进而影响桥梁结构的运营安全。在已有跨江悬索桥隧道式锚碇中,较少涉及水对隧道式锚碇的影响研究,因此很多时候只能定性地认识水会降低隧道式锚碇工作性能,影响悬索桥的整体稳定性,而要形成定量的认识,开展相关缩尺模型试验研究十分必要,这也为今后隧道式锚碇在跨江地区推广使用提供借鉴和参考。

1.2.5 隧道式锚碇围岩蠕变的研究进展

岩石是一种地质材料,具有流变性。岩石的流变性是指岩石在外界荷载持续作用下所呈现的与时间有关的变形、流动和破坏等性质,即时间效应。其主要表现在蠕变、弹性后效、松弛、应变率效应、时效强度和流变损伤断裂等方面。其中,蠕变对岩石工程的影响不容忽视,它将会导致岩石工程的失稳,如地下隧道在竣工数十年后仍可出现因蠕变变形过大而产生断裂,岩质边坡由于蠕变效应累积而产生的破坏更为常见。因此,在岩体工程中,充分考虑岩体的蠕变特性对实际岩体工程应用具有重要的意义。

长期以来,我国学者在岩石流变学理论与应用方面进行了不少研究工作。陈宗基教授在中国率先建立了岩石流变的扩容方程,其特点是不仅考虑一般的蠕变,还考虑其扩容变形也随时间增长而发展,并将这一理论应用于矿山井巷围岩稳定性评价以及岩爆和地震方面的研究;金丰年等人对岩石的时间效应从试验到理论进行了深入的分析,讨论了应变速度、载荷速度对岩石强度的影响,提出了可变模量的非线性本构方程;李永盛等人研究了单轴压缩条件下,4 种岩石的蠕变和松弛试验;刘保国等人研究了岩体黏弹、黏塑性本构模型的辨识原理及其工程应用等。综上所述,关于蠕变的研究,主要集中在以下四个方面:本构模型的建立与解析、蠕变试验的研究、本构模型的辨识中的系统辨识、工程应用问题。

建立岩石的蠕变本构关系是进行岩体工程数值模拟的基础性工作,是连接实验-理论-应用之间的桥梁。如何正确给定岩石蠕变模型和参数是对岩石力学理论研究与工程实践应用面临的难题。目前,岩石本构模型与参数的辨识主要通过试验结果和力学理论的正分析建立模型和给定参数的方法,以及现场监测位移的模型辨识与参数反分析的方法,而相关学者在这方面做了大量工作,如:彭苏萍、曹树刚等人分别应用最小二乘法拟合数据的方法获取了西原模型和改进的西原模型中的各蠕变参数;许宏发通过对试验数据的分析,揭示了蠕变本构方程与多项式回归方程之间的间接联系,然后通过联立方程组计算出蠕变模型中的各个参数;刘文彬利用改进 PSO 算法实现了页岩蠕变本构模型参数的自适应辨识,实验结果表明辨识的参数是有效的;李志敬结合混沌机制和粒子群算法的原理提出了混沌粒子群优化(CPSO)算法,并用该法反演了岩石蠕变本构模型的非定常参数;伍振志用搜索-遗传-神经网络算法来表达黏弹性岩体力学参数和位移之间的映射关系,通过输入实际位移来反演蠕变参数,结果表明提高了参数反演的精度和节省了参数反演的计算时间;杨文东、张强勇等人基于现场刚性承板中心孔变形试验,辨识了深部岩体的蠕变模型,然后对坝区内软弱岩体的瞬时弹性模量、黏弹性模量和黏滞系数等蠕变模型参数进行了优化反演分析。

悬索桥的锚固系统是其承重体系的基础,主缆力需要通过散索鞍等结构传递至锚体,其可靠与否直接决定大桥的安全。而隧道式锚碇作为悬索桥的一种具有众多优势的锚固系统,它是将混凝土锚碇建在预先开挖的隧道(锚洞)里,从而将索力通过混凝土锚碇与隧道岩体间的黏结传递给锚碇周围岩体。隧道式锚碇锚固体系对其围岩的地质状况要求较高,围岩的各种变化状态对锚碇的影响不可忽视。在大型悬索桥隧道式锚碇方案的设计中,隧道式锚碇围岩的长期稳定性是设计人员力求达到的重要控制目标,因此研究现场围岩的流变性成为隧道式锚碇建设的重要工作,特别是软岩隧道式锚碇尤为重要。

目前关于悬索桥隧道式锚碇围岩的蠕变性对其长期稳定性的影响研究甚少。罗莉娅基于四渡河隧道式锚碇围岩蠕变试验结果,选取了两种蠕变本构模型(Time hardening form 模型和 Kelvin-Voigt 模型)对四渡河大桥的隧道式锚碇围岩蠕变问题进行分析,最终得出:蠕变对四渡河隧道式锚碇岩体的变形稳定基本没有影响。朱杰兵、邬爱清等人对四渡河大桥宜昌岸隧道式锚碇进行了几何相似比为 1 : 12 的现场双洞模型长期流变试验和快速超载试验研究,试验结果表明该隧道式锚碇结构在不同试验阶段均未出现流变特征和破坏特征,长期稳定安全系数不小于 2.6。张奇华等人在普立岸的隧道式锚碇勘探洞内,进行相似比为 1 : 25 的隧道式锚碇抗拔能力现场模型试验,通过不同荷载级别的弹塑性试验和蠕变试验,获得隧道式锚碇的超载稳定系数大于 8,且 6 倍设计荷载下没有出现流变现象,建议隧道式锚碇的长期稳定系数大于 6。王中豪、周火明等人基于细菌觅食算法,利用现场岩体的刚性承压板蠕变试验成果,反演了岩体压缩流变参数。

1.3 隧道式锚碇缩尺模型试验重难点分析

1.3.1 缩尺模型试验方案

缩尺模型试验是隧道式锚碇研究的核心,所取得的成果最能直观地反映出实桥隧道式锚碇的受力变形特征及承载能力。特别是软岩隧道式锚碇如何设计缩尺模型试验方案,如何实施缩尺模型试验内容,对整个专题研究而言至关重要。目前在软岩岩体中修建的隧道式锚碇中大多进行了缩尺模型试验,典型工程如红层软岩的鹅公岩大桥、几江长江大桥、太洪长江大桥、江津白沙长江大桥、油溪长江大桥。

1) 初步设计方案的可行性及合理性

隧道式锚碇是整个大桥工程的关键结构之一,而在软岩岩体上修建隧道式锚碇面临许多复杂的技术问题,如何针对工程特点准确把握围岩的力学参数、合理的锚碇结构尺寸及变形强度特征的关系,是开展专题研究前必须考虑的。为了使模型试验能达到指导设计的目的,在试验前利用勘察提出的岩体力学参数对隧道式锚碇的结构尺寸及稳定性进行初步数值分析验算,并对初步设计方案进行优化,再根据优化后的结构尺寸按一定比例在现场进行缩尺模型试验,这样会避免由于模型尺寸与实际尺寸不匹配而影响试验结果代表性。为此,在缩尺模型试验前应结合地勘资料及同类工程岩体参数开展三维弹塑性数值计算,以初步验证设计方案的可行性及合理性。

2)模型锚试验加载方式的选择

实桥隧道式锚碇主要承受缆索的拉荷载。隧道式锚碇缩尺模型试验中,对模型锚加载方式有前拉法和后推法。前拉法即在模型试验前端采用反力大梁,通过千斤顶拉拔锚体。重庆鹅公岩大桥、四渡河特大桥隧道式锚碇的缩尺模型试验采用该种加载方式,如图1.1所示。前拉法加载方式需要浇筑笨重的反力大梁,安装难度大,成本也很高,而且支撑点作用在锚体附近的岩体上,导致隧道式锚碇前端面岩体承受了部分反力,使锚体及附近岩体在拉拔过程中位移难以准确测量。鉴于上述前拉法的缺点,目前很少采用。

(a)鹅公岩大桥　　　　　　　　　　　(b)四渡河大桥

图1.1　隧道式锚碇缩尺模型试验前拉法加载方式

为避免前拉法的不足,目前开展的隧道式锚碇缩尺模型试验多采用后推法,即在锚塞体后缘采用多个千斤顶并联施加荷载,如图 1.2 所示。后推法实施相对简单,而且加载设备出力大,可以开展较大倍数的超载试验甚至破坏,更有利于揭示隧道式锚碇的潜在破坏模式。几江长江大桥、太洪长江大桥等隧道式锚碇缩尺模型试验均采用后推法并使围岩达到极限破坏。

图 1.2 隧道式锚碇缩尺模型试验后推法加载方式

为了探讨后推法与前拉法对隧道式锚碇缩尺模型试验结果的影响,某长江大桥缩尺模型锚试验前通过数值计算方法进行了比较论证。对比表明,两种方法所获得的隧道式锚碇的承载力及变形结果基本一致,如图 1.3 所示。

综上所述,在试验工期、成本及加载出力等方面,后推法明显优于前拉法。

3)"地表试验方案"与"洞内试验方案"对比

隧道式锚碇缩尺模型试验的布置一般有两种形式。一种是将试验模型布置在地表,在地表选择合适部位,先按照几何缩尺使地形修整至基本满足几何相似条件,然后按缩尺比例依次开挖前锚室、锚洞和后锚室。在锚洞内浇筑与实桥隧道式锚碇混凝土强度等级相同的锚塞体,混凝土浇筑前在洞底预埋千斤顶,作为加载出力设备。待锚塞体混凝土养护至到达要求的混凝土强度后开始试验。"地表试验方案"目前应用相对普遍,鹅公岩大桥、几江长江大桥、太洪长江大桥、泸定大渡河特大桥等现场缩尺模型锚试验均采用的是这种方案。

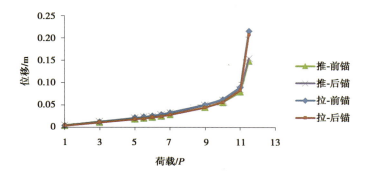

图1.3 后推法与前拉法模拟荷载-位移曲线

注:图中 P 代表设计荷载,数值依据不同模型的缩尺比例确定,下文同。

另一种是将试验模型布置在平洞内,如图1.4所示,首先通过开挖主平洞进入实体隧道式锚碇所在层位,然后在主洞一侧开挖两条支洞,按照几何缩尺,在两条支洞之间开挖模型试验洞。将模型试验洞锚塞体部分浇筑与实体锚同等级混凝土,锚塞体后端面通过千斤顶施加压力,模拟锚塞体受载过程。如坝陵河大桥、普立大桥的隧道式锚碇缩尺模型试验即是该种模式。

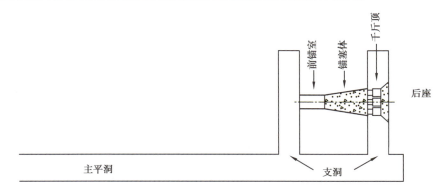

图1.4 某大桥"洞内试验方案"平面布置简图

现有研究已经表明:锚塞体由于前端面小、后端面大,实际工程中几乎不可能出现锚塞体从岩体中被拔出的破坏模式,而且由于锚塞体自身强度高,锚塞体自身出现破坏的可能性也很小。隧道式锚碇最可能的破坏模式是在地形条件和岩体结构控制下,锚塞体周围岩体发生整体破坏。

"地表试验方案"中,由于地表岩体风化卸荷的影响,缩尺模型所在部位围岩性状一般弱于实体隧道式锚碇围岩性状,这是一种偏安全的试验方案,通过试验获得的超载稳定性系数可能会小于实体隧道式锚碇的稳定性系数。而"洞内试验方案"由于周边条件约束限制,试验锚塞体往往只能出现从围岩中被拔出的破坏模式,这种试验方案会夸大实桥隧道式锚碇的承载能力,试验结果偏危险,不利于工程安全。

从以往研究经验可以看出:在开展隧道式锚碇缩尺模型试验时,对锚塞体上覆岩体厚度、地形条件的模拟尤为重要。从隧道式锚碇的承载机制和潜在破坏模式角度考虑,"地表试验方案"比"洞内试验方案"更合理。

1.3.2 缩尺比例大小

缩尺模型试验的又一个关键问题是选择合适的缩尺比例。理论上讲,缩尺比例越大越好,越大的缩尺比例越能模拟岩体的结构效应,所包含的地质信息越多,地质代表性越好,但是越大的缩尺比例所需的场地越大,对加载系统的要求也更高。如达到实桥隧道式锚碇的尺寸(即缩尺比例 1∶1)是最理想尺度,但实施几乎不可能。相反,缩尺比例越小,虽然场地和加载系统容易达到要求,但是模型缩尺比例过小也受岩体尺寸效应的影响,试验结果不能更好地反映真实情况,同时过小的尺寸也将增大模型锚洞内设备的安装难度。综上所述,缩尺模型锚的尺度应能达到实桥隧道式锚碇的基岩代表性单元体的基本尺度,能较好地反映岩体结构效应,包含足够多的结构面,并能兼顾模型制作、试验设备安装、加载能力的要求。统计目前的缩尺模型试验的实践经验,缩尺模型试验的缩尺比例在 1∶12 ~ 1∶8 为宜。

1.3.3　加载与应力应变测试仪器设备

软岩有显著的蠕变特性,而且与作用于软岩上的荷载大小有关。室内流变试验技术较为成熟,过去岩石或结构面的蠕变通常通过取样在室内开展试验。而在现场开展岩体及结构面的蠕变较为复杂,蠕变时间长,受到外部环境限制,对设备要求高,但由于现场试验尺寸大,包含节理裂隙多,温湿环境与实际一致,现场蠕变试验成果更能接近岩体的真实特性。软岩隧道式锚碇的长期稳定性研究中更宜对缩尺模型锚进行蠕变加载试验。蠕变试验的基本要求是在保持荷载长期稳定的前提下获得变形与时间的关系,而自动稳压是蠕变的关键设备之一,只有当维持压力的精度较高时,才能获得准确的变形。同时位移量极小,位移测表的精度也直接影响测量结果。在缩尺模型锚上开展蠕变试验更为复杂,主要是试验规模大、测试仪器类型和数量多、昼夜温差大、荷载高,对试验系统的要求更高。目前已完全实现伺服加载和应力应变测试数据自动采集,能满足各类现场蠕变试验的要求,并已在多个大桥隧道式锚碇开展的直剪蠕变、三轴蠕变、承压板蠕变,以及缩尺模型锚蠕变试验中都得到了成功应用。

1.3.4　软岩中修建隧道式锚碇的关键问题

隧道式锚碇因其显著优势,在大跨度桥梁工程中的应用越来越多,但是在软岩岩体中修建隧道式锚碇的工程案例目前还不多见。隧道式锚碇不同于重力式锚碇,它不是单纯依靠锚塞体的自重承载,而是通过锚塞体与周围岩体的协同作用共同承担桥梁载荷,所以隧道式锚碇所在部位岩体的特性对隧道式锚碇的工作性能有着重大影响,软岩岩体尤其如此。在软岩岩体中修建隧道式锚碇,隧道式锚碇的承载能力问题、蠕变问题将愈加突出。

　　由于隧道式锚碇承载机制复杂,不同的岩性、岩体结构、地形条件、隧道式锚碇布置形态,都可能导致隧道式锚碇出现不同的破坏模式。截至目前,还没有概化统一的模型能够对隧道式锚碇的稳定性系数进行准确计算,也难以通过解析方法对隧道式锚碇的安全性能进行合理评价。在此情况下,三维数值模拟成了揭示隧道式锚碇承载能力的有效手段。基于现场勘查建立三维数值分析模型,利用现场岩石力学试验获得模型各地层物理力学特性参数,通过不同加载条件下的模拟,可以了解隧道式锚碇潜在的破坏形态及超载稳定性系数。但是,由于隧道式锚碇和围岩结构形态的复杂性、相关物理力学参数的不确定性、数值计算方法本身的缺陷性,单纯依据数值模拟还难以获得对隧道式锚碇承载性能的准确、客观认识。

　　二十多年来,隧道式锚碇工程多通过开展大比例尺现场缩尺模型锚试验的手段深化对隧道式锚碇承载能力的认识,特别是对软岩隧道式锚碇,因岩体强度低,且具有明显的流变特性,开展大比例尺的缩尺模型锚试验非常必要。虎门大桥、鹅公岩大桥、普立大桥、几江长江大桥、太洪长江大桥等都进行了隧道式锚碇缩尺模型锚试验。实践证明,大比例尺现场缩尺模型试验是解决这类复杂工程问题的有效途径。利用缩尺模型锚试验成果,依据相似原理,可获取对实桥隧道式锚碇承载特性的基本认识,同时利用其荷载-位移关系成果和三维数值模拟模型可反演岩体的岩石力学参数,再与现场岩石力学试验成果综合评价获取用于实桥三维数值模拟的岩石力学参数,通过三维数值模拟并综合评价实桥锚碇的承载力特性。

　　为了深化对软岩隧道式锚碇长期稳定的认识,需重点开展以下工作:首先,应认真研判地质勘查资料,选定地质代表性好的区域作为缩尺模型试验区。在缩尺模型建造过程中利用模型洞的开挖和埋设监测仪器钻孔对隧道式锚碇所在部位的岩体结构、岩性、风化卸荷程度等进行详细描述,并在此基础上建立精细化的三维地质概化模型。其次,利用多手段(如系统开展室内岩石力学试验、现场岩体力学试验、岩体质量分级与参数估算以及参数反演等)综合获取岩体的变形和强度参数。最后,在上述地质概化模型和参数研究的基础上,开展三维弹塑性数值模拟分析,获得对隧道式锚碇变形及蠕变特征的认识。另外,在缩尺模型试验过程中,不仅要开展设计荷载下的加载试验、还应开展超载破坏试验以及不同荷载水平下的蠕变试验。

第2章　软岩隧道式锚碇缩尺模型试验

依托工程概况

某长江大桥主桥为主跨 600 m 双索面悬索桥,南岸采用重力式锚碇,北岸采用隧道式锚碇,边跨采用 Y 形桥墩加桩基础。北岸隧道式锚碇锚塞体设计为前小后大的楔形,纵向长度为 60 m,与水平线的倾角为 37°,最大埋深约 68 m,锚体中心间距 26.7 m,最小净距为 12.7 m。横断面顶部采用圆弧形,侧壁和底部采用直线形,前锚面尺寸为 10 m×10 m,其中顶部圆弧半径 5 m;后锚面尺寸为 14 m×14 m,其中顶部圆弧半径 7 m;前锚室长度 18 m,后锚室长度 10 m,如图 2.1 所示。标准组合下,单根主缆拉力 108 MN。

2.1.1　锚址区工程地质及水文地质条件

1) 锚址区气象条件

锚址区气候属北半球亚热带季风气候区。全年气候温和,四季分明,冬少

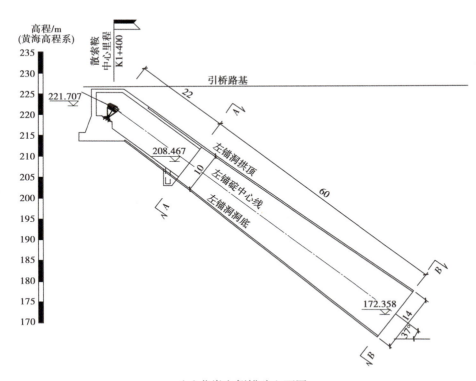

（a）北岸左侧锚碇立面图

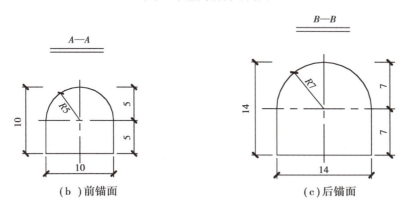

（b）前锚面　　　　　　　　（c）后锚面

图 2.1　北岸隧道式锚碇总体布置图（单位：m）

严寒,夏多炎热,雨量充沛,日照充足,无霜期长。多年平均降雨量 1 031 mm,最多年为 1 267 mm,最少年为 663 mm。据当地气象局 1998—2000 年资料,月最大降雨量为 183.5 mm(1998 年 8 月);日最大降雨量 204.6 mm(1998 年 8 月 7

日）；每年5—9月的降水量约占全年降水量70%；12月—次年2月降水较少。多年平均年日照时数1 274 h，占可照时数的29%。太阳总辐射量86.5 kcal/mm²。当地年平均蒸发量1 180 mm，年最大蒸发量1 360 mm，年最少蒸发量925 mm。历年平均空气相对湿度为81%，一年中最大值月为10月，为86%；最小值月为8月，为76%。年平均风速1.2 m/s。

2）锚址区水文地质条件

（1）地下水类型

锚址区水文地质条件简单。地下水主要受长江水位的影响并受大气降雨的补给。地下水根据储存介质分为两类，即松散堆积岩类孔隙水和基岩裂隙水两类。松散堆积岩类孔隙水主要分布于第四系土层中，受大气降雨的补给。基岩裂隙水主要赋存于砂岩含水层裂隙中，泥岩中亦有少量地下水，主要受江水及松散岩类孔隙水和大气降水补给，其含水能力与裂隙发育程度有关。

（2）水文地质参数确定

锚址区的钻孔抽水试验结果表明，基岩含水层渗透系数为0.000 5～0.005 3 m/d。当抽干钻孔内水体后，孔内水位恢复缓慢，场地基岩裂隙水微弱，地下水贫乏。但在雨季，受降水影响，地表水大量补给地下水时，其水量会有所增加。

3）锚址区工程地质条件

（1）地形地貌

锚址区为侵蚀剥蚀浅丘地貌单元，斜坡地形。场地整体呈北低南高，东低西高趋势。道路沿线及锚碇区域现状高程最高约为268 m，最低为190 m，相对高差达78 m。局部地段为基岩裸露。由于风化差异，泥岩风化多呈凹下低洼地带，砂岩多为凸起，呈陡崖的地质形态特征。一般地段地形坡角为10°～25°，砂岩陡崖地段接近垂直。

（2）地层岩性

锚址区主要分布有第四系上更新统冲洪积层（南岸）（Q_3）、第四系全新统覆盖层(Q_4)(北岸)和侏罗系上统遂宁组(J_3sn)的砂岩和泥岩互层地层。

第四系全新统覆盖层按成因类型分为人工素填土层、残坡积粉质黏土层等。基岩为侏罗系上统遂宁组,岩性为砂、泥岩互层组成。地层岩性由新至老简述如下。

①第四系土层。

素填土(Q_4ml):灰褐色,主要由黏性土及岩块组成,粒径 1 ~ 40 mm,最大230 mm,土石比 6∶4,人工堆填,堆填时间约 5 年。该层分布较零星,钻探未揭露。人工填土填料为开挖山体的弃土石,松散,未受污染。

粉质黏土(Q_4el+dl):灰褐色,刀切面稍有光泽,无摇震反应,中等压缩,干强度中等,韧性中等,可塑状。

②侏罗系上统遂宁组(J_3sn)。

该地层为泥岩、砂岩,呈互层状产出。

泥岩(J_3sn-Ms):紫红色,主要由黏土矿物组成,泥质结构,中厚层状。强风化岩芯破碎,呈碎块状,质软,手捏易碎。中等风化岩芯完整,多呈柱状,一般节长 100 ~ 360 mm,最大节长 380 mm。岩芯失水后易崩解。

砂岩(J_3sn-Ss):灰白色,主要矿物成分为石英,次为长石,并含云母等。钙泥质胶结,中细粒结构,中厚层状。强风化带岩芯较破碎,岩质较软。中等风化带岩芯较完整,岩质较硬。

(3)地质构造

锚址区位于北碚向斜西翼近轴部,岩层产状 110°∠9°,层面裂隙结合一般,为硬性结构面。经工程地质测绘,该区域共发育有两组构造裂隙,其产状和发育特征如下:

LX1:倾向 292° ~ 294°,倾角 55° ~ 66°,裂面平直,局部有少量泥质充填,张开 1 ~ 3 mm,间距 0.3 ~ 0.6 m,属硬性结构面,结合差;

LX2:倾向 226° ~ 235°,倾角 66° ~ 89°,裂面较平直,局部有少量黏性土充填,张开 1 ~ 5 mm,间距 0.3 ~ 1.5 m,属硬性结构面,结合差。

（4）不良地质现象

根据区域地质资料、结合工程地质测绘、钻探可知，锚址区上覆土层较薄，未见土层滑动、开裂等现象，下伏基岩为泥岩和砂岩互层，地层连续，未发现活动性断层，也无区域性危岩崩塌、滑坡、泥石流和地下采空区等不良地质现象，场地整体稳定。

2.1.2 岩石物理力学特性

1）室内岩石物理力学性质试验

（1）岩石物理性质

对泥岩进行了 63 件含水率测试，试验结果见表 2.1。可见泥岩天然含水率标准值为 4.95%，泥岩饱和含水率（饱水率）标准值为 5.35%，饱和后泥岩含水率增加了 8% 左右。

表 2.1 室内岩块物理试验成果

岩石名称	统计	颗粒密度/(g·cm⁻³)	块体密度/(g·cm⁻³)			含水率/%	饱水率/%	孔隙率/%
			烘干	天然	饱和			
泥岩	试件数量	63	63	63	63	63	63	63
	试验值范围	2.66～2.82	2.24～2.55	2.43～2.62	2.43～2.62	2.31～8.56	2.59～9.02	6.62～20.21
	平均值	2.77	2.39	2.52	2.53	5.30	5.72	13.54
	标准值	2.76	2.37	2.50	2.52	4.95	5.35	12.76

（2）岩石力学性质

分别在实桥锚和模型锚取芯进行天然和饱和状态下泥岩单轴抗压强度对比试验，试验结果见表 2.2。试验结果表明，实桥锚部位天然状态和饱和状态下单轴抗压强度标准值分别为 8.1 MPa 和 6.0 MPa，饱和后抗压强度降低了 25.93%；模型锚区天然状态和饱和状态下泥岩单轴抗压强度标准值分别为 5.8 MPa 和 4.1 MPa，饱和后泥岩抗压强度降低了 29.31%。

表 2.2　室内岩块天然和饱和状态单轴抗压强度试验结果

岩石名称	取样部位	统计	饱和单轴抗压强度/MPa	天然单轴抗压强度/MPa	降低比例/%
泥岩	实体锚区域	试件数量	31	27	—
		试验值范围	3.2 ~ 11.3	5.0 ~ 14.7	36.00 ~ 23.13
		平均值	6.6	9.1	27.47
		标准值	6.0	8.1	25.93
	模型锚区域	试件数量	81	80	—
		试验值范围	1.8 ~ 11.0	2.5 ~ 14.1	28.00 ~ 21.99
		平均值	4.5	6.3	28.57
		标准值	4.1	5.8	29.31

2）岩体变形试验

在锚址区附近布置进行了 12 点岩体变形试验,试验结果见表 2.3。试验表明:泥岩天然状态下的变形模量 1.02 ~ 1.90 GPa,平均值 1.49 GPa;弹性模量 1.52 ~ 2.73 GPa,平均值 2.28 GPa。泡水 8 d 后的变形模量 0.56 ~ 1.32 GPa,平均值 0.93 GPa;弹性模量 1.05 ~ 2.29 GPa,平均值 1.89 GPa。可见泡水 8 d 后岩体变形模量平均降低了 37.58%,弹性模量平均降低了 17.11% 。

表 2.3　锚碇区岩体不同含水状态变形试验统计

岩性	加载方向	试点数量(点)	天然状态/GPa		泡水 8 d/GPa		降低比例/%	
			变形模量	弹性模量	变形模量	弹性模量	变形模量	弹性模量
泥岩	铅直	6	$\dfrac{1.02 \sim 1.90}{1.57}$	$\dfrac{1.52 \sim 2.39}{2.07}$	$\dfrac{0.56 \sim 1.32}{0.89}$	$\dfrac{1.05 \sim 2.29}{1.88}$	43.31	9.18
泥岩	55°方向	6	$\dfrac{1.23 \sim 1.51}{1.40}$	$\dfrac{2.11 \sim 2.73}{2.49}$	$\dfrac{0.87 \sim 1.07}{0.96}$	$\dfrac{1.73 \sim 2.18}{1.90}$	31.43	23.69

注:表中分子为范围值,分母为算术平均值。

3）泥岩岩体直剪试验

在锚址区附近布置进行了天然状态下和泡水 8 d 的岩体直剪试验各 1 组，剪切方向顺锚碇拉力方向，试验成果统计见表 2.4。

表 2.4　岩体直剪试验成果

组别	最大应力 /MPa	抗剪断峰值强度		抗剪峰值强度		抗剪断峰值降低比例/%		简要说明
		f'	c'/MPa	f	c/MPa	f'	c'	
τ_{ntx}	1.2	1.19	0.48	0.88	0.23	15.13	2.08	天然,拉力方向
τ_{npx}	1.5	1.01	0.47	0.96	0.23			泡水 8 d,拉力方向

天然状态下,泥岩岩体抗剪断峰值强度参数为 $f'=1.19$, $c'=0.48$ MPa;抗剪峰值强度参数为 $f=0.88$, $c=0.23$ MPa。泥岩泡水 8 d 后,泥岩岩体抗剪断峰值强度参数为 $f'=1.01$, $c'=0.47$ MPa;抗剪峰值强度参数为 $f=0.96$, $c=0.23$ MPa。可见泡水状态下的抗剪强度低于天然状态下的抗剪强度,其中摩擦系数降低了 15.13%,黏聚力降低了 2.08%。

4）混凝土与泥岩接触面直剪试验

天然和泡水两种含水状态下泥岩与混凝土接触面直剪试验结果见表 2.5。可见,混凝土与泥岩在天然状态下的抗剪断峰值强度为 $f'=1.20$, $c'=0.58$ MPa;抗剪峰值强度为 $f=0.91$, $c=0.22$ MPa;混凝土与泥岩在泡水 8 d 状态下的抗剪断峰值强度为 $f'=1.06$, $c'=0.55$ MPa;抗剪峰值强度为 $f=0.85$, $c=0.21$ MPa。泡水后摩擦系数降低了 11.67%,黏聚力降低了 5.17%。

表 2.5　不同含水状态混凝土与泥岩接触面直剪试验成果

组号	最大应力 /MPa	抗剪断峰值强度		抗剪峰值强度		抗剪断峰值降低比例/%		简要说明
		f'	c'/MPa	f	c/MPa	f'	c'	
τ_{nht}	1.26	1.20	0.58	0.91	0.22	11.67	5.17	天然
τ_{nhb}	1.51	1.06	0.55	0.85	0.21			泡水 8 d

2.2 缩尺模型试验设计

2.2.1 模型锚设计相似理论

模型锚设计是基于弹性力学的相似原理来实现的。根据相似原理,模型与原型应采用相同的材料制作,模型几何尺寸由原型结构尺寸按一定的比例缩小,当不计(忽略)体力相似性时,模型与原型的参数之间存在如下关系:

强度:

$$R_m = R_p \tag{2.1}$$

弹性模量:

$$E_m = E_p \tag{2.2}$$

几何尺寸:

$$l_m = \frac{l_p}{C} \tag{2.3}$$

荷载:

$$N_m = \frac{N_p}{C^2} \tag{2.4}$$

式中,R_m 和 R_p 分别为模型及原型的强度;E_m 和 E_p 分别为模型及原型的弹性模量;l_m 和 l_p 分别为模型及原型的几何尺寸;N_m 和 N_p 分别为模型及原型的荷载;C 为几何相似比,本书隧道式锚碇模型取值有 10 和 30,即所开展的隧道式锚碇缩尺模型试验的缩尺比例为 1:10 和 1:30。

需要说明的是,式(2.1)—式(2.4)是忽略重度体力的相似性而推导的公式,如要满足体力(重力)完全相似,则需满足 $\gamma_m = C \times \gamma_p$ (注: γ_m、γ_p 分别为模型及原型的重度),而现场缩尺试验的实际情况是模型锚的锚塞体混凝土和围岩与原型实体锚碇相同(即 $\gamma_m = \gamma_p$),重度体力作为抗力,试验结果偏于安全。

2.2.2　模型锚位置选择与制作

1)模型锚的位置

试验位置选择在实桥锚前部西南侧,距离实桥锚前部约 80 m,如图 2.2 所示,该部位从大范围看,地质条件、地形形态与实桥锚基本相似。

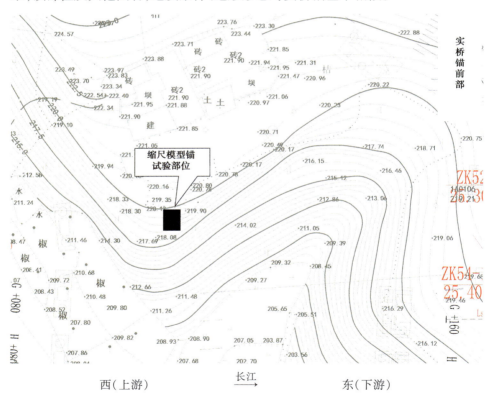

图 2.2　模型锚与实桥锚位置关系

根据相似原理,材料要求相似即地质条件基本一致。为验证模型锚位置与实桥锚碇区的地质一致性,从两者的钻孔声波和岩石力学参数进行了一致性论证。比较结果表明:模型锚区与实桥锚区的岩石物理力学参数基本一致,模型锚区比实桥锚区略低;模型锚的波速与实桥锚的波速基本相当,实桥锚部位岩体波速略高于模型锚部位岩体波速。综上所述,说明选定的模型锚区与实桥锚区的地质状况基本一致,模型锚区地质情况略差于实桥锚区。

2)模型锚的尺寸

需要说明的是,要选取与实桥锚地质条件完全相同的试验区域非常困难,由于砂岩占比很少,模型锚选择在泥岩中,这对工程而言,偏于安全。

模型洞形状、倾向及倾角与实桥锚洞一致,结构几何尺寸按 1∶10 缩尺。横断面顶部采用圆弧形,侧壁和底部采用直线形,前锚面尺寸为 1 m×1 m,顶部圆弧半径为 0.5 m;后锚面尺寸为 1.4 m×1.4 m,顶部圆弧半径为 0.7 m。

前锚室长度为 1.8 m,锚室(锚塞体)长度为 6 m,长度为 1 m。结构形态及尺寸如图 2.3—图 2.5 所示。

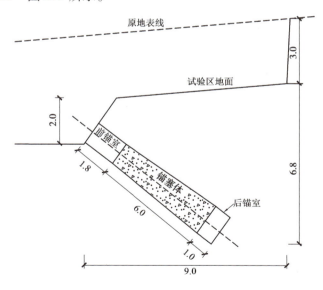

图 2.3　1:10 模型锚剖面布置示意图(单位: m)

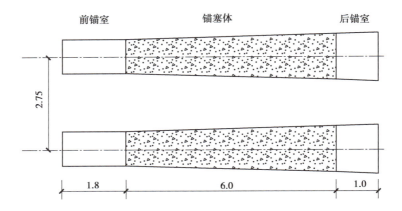

图2.4 某长江大桥1:10模型锚剖面尺寸图（单位：m）

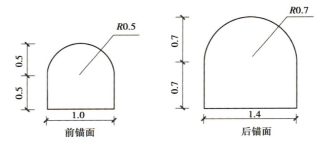

图2.5 某长江大桥1:10模型锚断面尺寸图（单位：m）

3）模型洞开挖

在选定部位对地表多余部分进行开挖以满足埋深和岩性要求,纵向长度约12 m,横向宽度约12 m。模型锚对应地表开挖并找平后用清水清洗,地质描述和拍照后及时铺一层10 cm厚的砂浆进行封闭。为了防止暴雨期间雨水倒灌,在地表周围设置排水沟。

为减少对岩体的扰动,采用人工开挖方式。模型锚室洞壁起伏差控制在2 cm内,轴线及扩散角偏差控制在0.5°内。为了防止泥岩暴露后风化,每进尺2 m用薄层砂浆封闭。封闭前用清水对洞壁进行清洗,并拍照和描述。开挖后的场景如图2.6所示。

(a)西锚　　　　　　　　　　　　(b)东锚

图 2.6　模型洞开挖场景照片

4) 模型锚内反力板制作

锚洞开挖完成后,在后锚室安装 8 只千斤顶,为了使千斤顶出力均匀传递至锚塞体上,千斤顶前后端浇筑钢筋混凝土反力板,后端反力板厚度 50 cm,前端反力板厚度 30 cm,混凝土强度等级为 C40。采用 $\phi10$ mm 螺纹钢,间距 25 ~ 30 cm。

5) 模型锚塞体制作

模型锚塞体钢筋采用 $\phi10$ mm 螺纹钢,单锚轴向主筋 23 根,环向箍筋 28 根,钢筋制作安装在锚洞内进行。锚塞体采用 C40 商品混凝土,混凝土强度等级与实桥锚碇一致。浇制混凝土前,安装所有内观传感器及预埋直径 76 mm 的 PVC 管。

6) 加载方式选取

本缩尺模型锚试验采用"后推法"加载。双缆总拉力 $2 \times 1.08 \times 10^5$ kN,则缩尺模型设计拉力(设计荷载,1P)为:$2 \times 108\ 000/100 = 2\ 160$ kN。为了使缩尺模型锚达到极限破坏,单个锚塞体选用 8 台 3 000 kN 的千斤顶并联出力(双锚共 16 台千斤顶),试验时可以施加的最大荷载为设计荷载的 22 倍。千斤顶安装布置及安装透视图如图 2.7 所示。

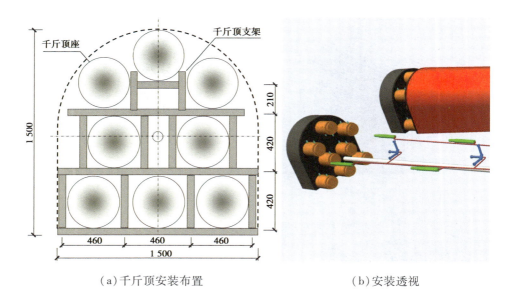

（a）千斤顶安装布置　　　　　　　　　（b）安装透视

图 2.7　单锚塞体千斤顶安装示意图（单位：mm）

2.2.3　监测仪器布置

1）地表（表面）变形测点

如图 2.8 所示，分别在前锚面、前端岩体及地表上布置了 16 只光栅式位移传感器，其中沿拉力方向布置 6 只（g1 ~ g5、g16），沿铅直方向布置 8 只（g6、g8、g9、g11 ~ g15），地表水平方向布置 2 只（g7、g10）。

2）模型锚周围岩体变形测点

沿拉力方向（模型锚轴线方向）布置 6 个钻孔，在模型锚碇对应地表上布置 12 个铅直钻孔，钻孔直径为 76 mm，钻孔布置如图 2.9 所示。其中 ZK1 ~ ZK12 为多点位移计钻孔（每个钻孔中埋设 4 个测点），X_1、X_2 为测斜孔，其余钻孔是为了获取岩芯做试验需要而布设。

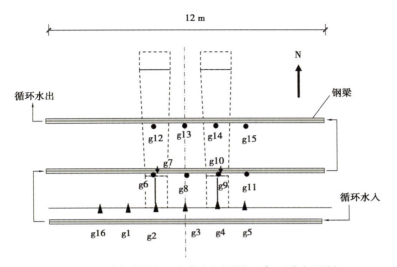

图 2.8　地表变形观测点平面布置示意图

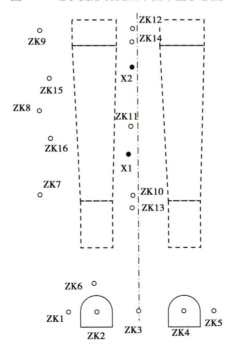

图 2.9　模型锚上钻孔平面布置示意图

3)锚塞体与围岩接触面位错

如图2.10所示,在每个锚塞体混凝土与围岩接触面之间布置6只位错计,位置在东西锚左右侧壁上。

4)锚塞体应力应变

如图2.11所示,在每个锚塞体混凝土内布置14只应变计,其中y1、y3、y5、y7、y9和y11为轴向(X向),y2、y4、y6、y8、y10和y12为水平径向(Y向),y13、y14为垂直径向(Z向)。

5)钻孔测斜

为判别模型锚加载破坏后在深部的破坏位置,埋设了2个(X1、X2)铅直方向测斜孔,如图2.9所示,孔深均为20 m,但因多点位移计孔灌浆串浆,实际可用的分别为9.5 m和14 m。

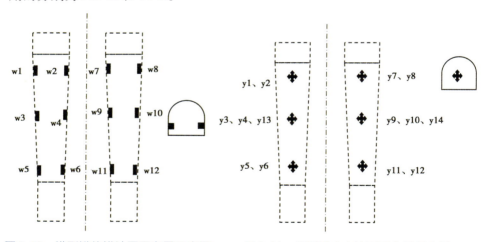

图2.10 模型锚位错计平面布置示意图   图2.11 模型锚应变计平面布置示意图

2.2.4 试验系统与加载方案

1)加载系统

加载系统采用长江水利委员会长江科学院与济南赛思特流体系统设备有限公司联合研发的气液式加载系统:

①大流量旋转式电机和伺服阀组成的加载系统,主要用于瞬时加载。

②滚轴丝杆式伺服加载系统,具有施加荷载高,压力伺服控制精度高,持续稳压效果好,控制方便等特点。

16 台千斤顶采用油路多通并联,通过高压油路开关任意平滑转换,整个加卸载过程通过压力传感器和采集系统自动采集。

2) 测量系统

变形测量分为地表变形和深部变形,地表变形以光栅位移传感器为主,最大量程为 50 mm,分辨率为 1 μm,由采集仪与计算机连接进行实时采集。以上地表变形位移传感器通过磁性表架固定在长度为 12 m 的基准梁上,基准梁为 ϕ220 mm、壁厚 5 mm 的钢管,一端固定,一端简支。锚塞体周围岩体变形测量及应变计、位错计均采用振弦式传感器,由 3 台数据采集仪和 1 台计算机进行数据采集。

3) 恒温控制系统

用于观测地表变形的光栅式位移传感器以 12 m 长的钢管梁作为基准梁,钢材变形受温度影响大,又是大跨度,同时试验在野外进行,环境影响因素多,特别是蠕变试验需要 24 h 实时、持续 5 d 以上的长时间连续观测,稳定判别要求高。此外,温度对用于测试岩体内部变形的振弦式多点位移计传感器也有一定的影响。为了减小温度对变形测试的影响,采取了如下几种措施:

①在现场露天环境下建立保温彩钢棚试验室,试验室密封,为蠕变试验营造一个相对稳定的环境。

②对基准钢梁采取保温措施,采用空心圆钢管,内部通循环常温水,用水的高比热容去缓解由外部温度的变化引起的基准钢梁的热胀冷缩,同时在基准钢梁外部用棉絮缠绕,减小外部温度的变化对基准钢梁的影响。

③在彩钢棚试验室安装空调,对室内温度进行控制和调节。

④采用数字式温湿度计采集空气温度,实时观测试验室的空气温度。

现场搭建的试验室实景如图 2.12 所示。

（a）温度观测及智能控制平台

（b）基准钢梁及保温设备配置

图 2.12　隧道式锚碇缩尺模型试验现场

4）加载方案

（1）载荷试验加载方案

采用分级加（卸）荷单循环方法进行，从零开始加载，分 7 级施加，分别为 $1.0P$、$3.5P$、$7.0P$、$10.5P$、$13.5P$ 破坏。每级加载分 5 ~ 8 步，施加到相应压力后，按同样步数逐次退压至 0。采用自动伺服系统加载，所有数据自动采集，每一步连续加载 5 ~ 10 min，深部变形观测传感器自动循环采集，采样间隔为 10 min，表面变形观测传感器采样间隔 1 min。采用相对变形稳定标准，以轴线方向的锚体及围岩测点为主要参考，每步稳定时间不少于 30 min，并在每 10 min 时进行稳定性判别，达到变形稳定标准后加（卸）下级荷载。每级试验完成后休止 12 ~ 24 h 后进行下一级试验。

（2）蠕变试验加载方案

分别在 $1.0P$、$3.5P$、$7.0P$ 荷载下进行蠕变试验，观测锚塞体及周围岩体的长期变形，研究周围岩体时效变形。蠕变试验时，采样间隔全部为 10 min，加载历时不少于 5 d，直至变形基本稳定在 ±3 μm 后终止。在试验过程中，重点利用沿轴线拉力方向的锚塞体及地表（表面）变形进行稳定判别。

（3）极限破坏试验加载方案

在完成常规荷载试验和蠕变试验后，采用连续加载方法直至破坏。

2.3　基于缩尺试验的隧道式锚碇承载特性分析

1)地表变形测试成果分析

地表变形包括地表铅直方向和锚塞体轴线拉力方向。注:铅直方向上变形为"+",向坡(山体)外变形为"+",反之为"-",下同。$1P(2\ 160\ \text{kN})$设计荷载作用下:

①沿拉力(锚塞体轴线)方向,西锚前锚面(g2)最大位移为 0.049 mm,东锚前锚面(g4)最大位移为 0.025 mm,西锚位移大于东锚。

②位于锚塞体中部地表测点的铅直方向位移最大,位于锚塞体前端地表测点的铅直方向位移、拉力方向测点位移次之。

③各测点均向坡外(或向上)变形,最大位移均很小,地表铅直方向上最大位移 0.154 mm(g15),拉力方向最大位移为 0.049 mm(g2)。加载阶段,位移随荷载的增大而增加,但卸载阶段,位移量并未同步减小,无卸荷回弹现象。

$1P$ 荷载、时间与位移关系曲线如图 2.13 所示。

$3.5P(7\ 560\ \text{kN})$荷载作用下:

①绝大部分测点向坡外(或向上)变形。铅直测点较大位移为 0.147(g11)~0.314 mm(g14),拉力(锚塞体轴线)方向测点最大位移为 0.297 mm(g2)。随着荷载的增加位移不断增大,但位移滞后于荷载。卸载有回弹现象,但有较大的残余位移。

②总体上,锚体中部地表铅直方向位移最大,前端铅直测点、拉力方向测点位移次之。

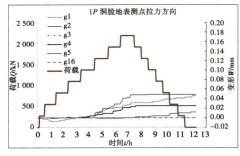
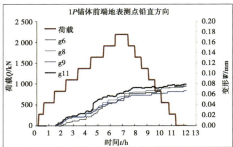
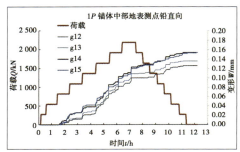
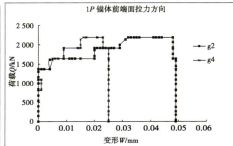

图 2.13　1P 荷载下 Q-t，W-t，Q-W 曲线

③沿拉力（锚塞体轴线）方向，西锚前锚面（g2）最大位移为 0.297 mm，东锚前锚面（g4）最大位移为 0.086 mm，西锚位移大于东锚。

3.5P 荷载、时间与位移关系曲线如图 2.14 所示。

7P(15 120 kN) 荷载作用下：

①各测点向坡外（或向上）变形。地表测点铅直方向位移为 0.353（g12）~ 0.694 mm（g8），拉力方向测点位移为 0.007（g16）~ 1.186 mm（g2）。位移随荷载增加而变大，卸载后，有明显的卸载回弹现象，但仍有少量残余位移。

②除 g2 测点外，铅直测点位移总体上大于拉力方向测点，水平测点位移最小。

③沿拉力（锚塞体轴线）方向，西锚前锚面（g2）最大位移为 1.186 mm，东锚前锚面（g4）最大位移为 0.537 mm，西锚位移大于东锚。

7P 荷载、时间与位移关系曲线如图 2.15 所示。

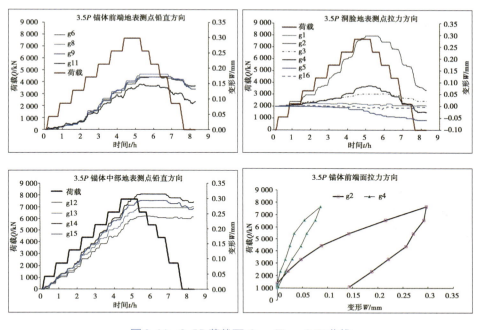

图 2.14　3.5P 荷载下 Q-t，W-t，Q-W 曲线

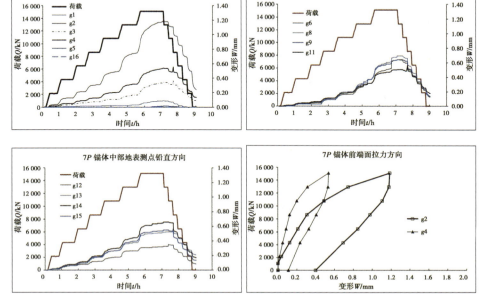

图 2.15　7P 荚载下地表 Q-t，W-t，Q-W 曲线

2) 锚塞体周围岩体位移测试成果分析

钻孔多点位移计对锚塞体周边岩体的位移进行监测,测试成果表明,在 1P 荷载作用下:

无论是铅直方向或轴线拉力方向位移,加载时,位移变化与荷载基本一致,卸载后无回弹现象;所测得的位移在 0.03 mm 以内,表明在 1P 荷载下锚塞体周边岩体产生的位移很小。典型曲线如图 2.16 所示。

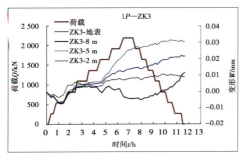 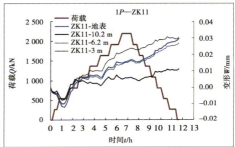

图 2.16　1P 荷载下多点位移计 Q-t，W-t 曲线

3.5P 荷载作用下,典型曲线如图 2.17 所示:

①各测点基本上向坡外、向上变形。锚塞体轴线拉力方向地表位移为 0.003 ~ 0.268 mm,铅直孔地表位移为 0.032 ~ 0.112 mm。加(卸)载全程,变形与荷载趋势变化一致,但变形滞后于荷载;卸载后,锚塞体轴线拉力方向的变形有较好的回弹现象,残余变形占总变形比例小,而铅直方向有较大的残余变形。

②同一孔内,不同深度的位移量有明显差别,但变化趋势相近,最大位移多出现于表面测点。

③沿锚塞体轴线拉力方向,位于两锚塞体中间岩体(ZK3)变形总体表现为中部岩体变形大,锚塞体后部及前部变形小,如 ZK3-2 m(0.190 mm)、ZK3-5 m (0.241 mm)、ZK3-8 m(0.189 mm);铅直方向上的变形总体上大于沿锚塞体轴线拉力方向的变形;西锚前锚面(ZK2-地表)最大位移为 0.268 1 mm,东锚前锚面(ZK4-地表)最大位移为 0.003 mm,西锚位移大于东锚。

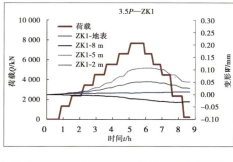
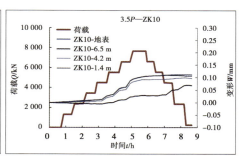
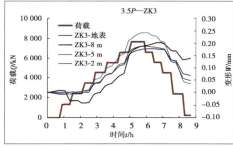
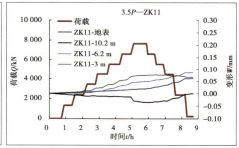
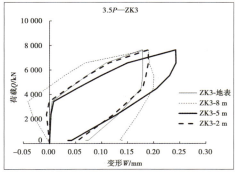
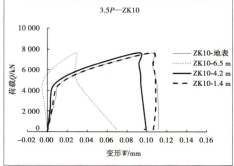

图 2.17　3.5P 荷载下多点位移计 Q-t，W-t，Q-W 曲线

④锚塞体周围岩体沿铅直方向的位移表现为锚塞体的上部岩体位移大于锚塞体下部岩体的位移,如 ZK10-1.4 m(0.106 mm)、ZK11-4.2 m(0.093 mm)。

7P 荷载作用下,典型曲线如图 2.18 所示:

锚塞体周围岩体与 3.5P 荷载作用下的变形规律基本一致,但沿拉力方向的锚塞体后部测点(如 ZK1-8 m、ZK5-8 m)及锚塞体底部测点(如 ZK9-14 m、ZK9-8.4 m,ZK11-10.2 m)出现向山体内及向下的异常变形,这可能与部分岩体进入塑性状态有关。铅直孔地表位移 0.325（ZK9-地表）~0.516 mm（ZK11-地表），轴线拉力方向地表（表面）位移 0.009（ZK1-地表）~1.630 mm（ZK2-地表）。加（卸）载全程，变形趋势与荷载变化一致，大部分测点表现出卸载回弹现象，但仍有部分的残余变形。沿拉力方向，西锚前锚面（ZK2-地表）最大位移为 1.630 mm，东锚前锚面（ZK4-地表）最大位移为 0.518 mm，西锚位移大于东锚。

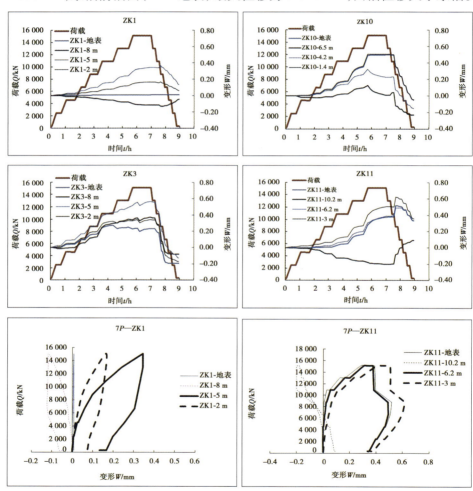

图 2.18　7P 荷载下多点位移计 Q-t，W-t，Q-W 曲线

3）位错计测试成果分析

1P 设计载荷试验结果表明：在荷载达到 1P 时，西锚后端（w1、w2）锚塞体

与围岩所测试的相对错动最大 0.004 mm,产生的相对错动量很小,可忽略不计。

3.5P 荷载试验锚塞体与围岩相对位移变化曲线如图 2.19 所示。试验结果表明:随着荷载的增加,西锚后端(w1、w2)锚塞体与围岩发生明显相对错动,错动位移量分别为 0.140 mm、0.094 mm,卸载后基本未产生回弹。其他部位未产生相对错动。

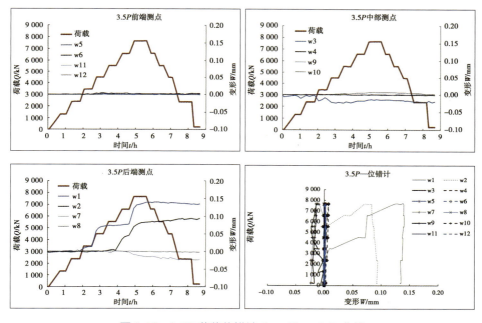

图 2.19　3.5P 荷载位错计 *Q-t*, *W-t*, *Q-W* 曲线

7P 荷载试验锚塞体与围岩相对位移变化曲线如图 2.20 所示。试验结果表明:随着荷载的增加,西锚后端(w1、w2)锚塞与围岩发生明显相对错动,错动最大值分别为 0.980 mm、0.141 mm。其他部位未产生相对错动。

4)锚塞体应变计测试成果分析

在东西锚塞体前部、中部和后部埋设了 14 只应变计,荷载与应变关系曲线如图 2.21 所示。拉应变为"-",压应变为"+"。

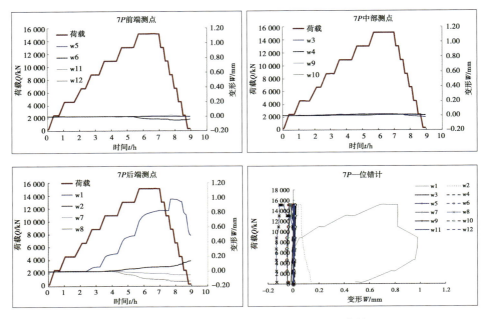

图 2.20　7P 荷载下位错计 $Q\text{-}t$，$W\text{-}t$，$Q\text{-}W$ 曲线

1P 荷载下,应变值随荷载的变化基本同步,卸载后基本无残余应变,表明锚塞体混凝土处于弹性状态。轴向最大应变为 8.8 $\mu\varepsilon$,表现为混凝土压缩;径向最大应变为 2.7 $\mu\varepsilon$,主要表现为混凝土膨胀。总体上,东锚塞体的应变大于西锚塞体的应变,轴向应变大于径向应变;沿轴线方向,锚塞体后部应变大于中部应变大于前部应变。

3.5P、7P 荷载作用下,表现为与 1P 荷载同样的变化规律,轴向应变最大为 83.8 $\mu\varepsilon$,径向应变最大为-10 $\mu\varepsilon$。应变值随荷载的变化基本同步,卸载后基本无残余应变,表明锚塞体混凝体在 7P 荷载作用下仍处于弹性状态。

此外,在荷载作用下,锚塞体混凝土的变形由后端至前端递减,轴向压缩变形,径向以拉伸变形为主;卸载后,变形快速恢复,仅有少量残余变形,表明锚塞体混凝土处于弹性状态。随着荷载的增加,后端锚塞体与围岩接触面最先产生错动,然后错动向锚塞体前端推进;卸载后,出现大量的残余变形。

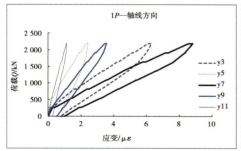
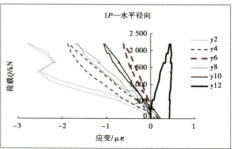
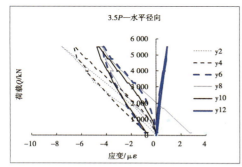
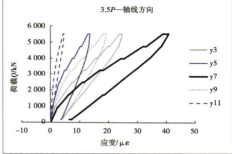
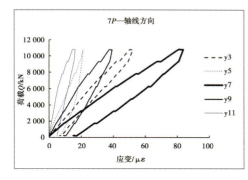
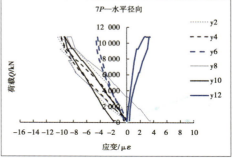

图 2.21　不同荷载下锚塞体混凝土应变计 $Q\text{-}\varepsilon$ 曲线

5）锚塞体与锚间岩体荷载-变形特性

锚碇前锚面位移及周围岩体位移规律基本一致,典型的荷载变形曲线如图 2.22 所示,该曲线是 $1P$、$3.5P$、$7P$ 载荷试验成果的综合。分析图 2.22 可知,在 $1P$ 荷载下产生的变形在 0.05 mm 以内,且基本为不可恢复的塑性变形;$3.5P$ 荷载下,总变形的近一半为可恢复的弹性变形;$7P$ 荷载下,总变形的 70% 为弹性变形。总体表现为随着荷载级的增大,弹性变形所占比例升高,表明锚塞体周围岩体内裂隙被"压缩"的过程。

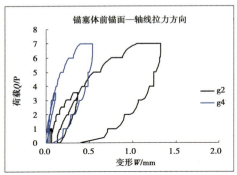 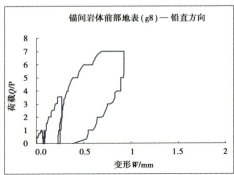

图 2.22　锚塞体与锚间岩体典型变形曲线

2.4　基于缩尺试验的隧道式锚碇长期稳定性分析

1）锚塞体及地表蠕变测试成果分析

尽管采取了现场温控措施,使温度变化对变形的影响大大减小,但蠕变试验对变形精度的要求很高(达到 μm 级别),同时要求达到稳定标准的持续时间长(不少于 5 d),现有的现场温控措施仍然不能达到理想的恒温效果,因此需要通过对监测数据的后期处理来尽量消除温度变化对蠕变变形结果的影响。为获得温度变化对测试系统(基准梁)的温度修正系数,在模型锚荷载试验开始之前(不加荷载情况下)观测 2 ~ 3 d,观测每个测点变形与温度变化的关系,然后对模型锚蠕变试验观测的变形按下式进行修正:

$$W_{修} = W_{测} + k\Delta t \qquad (2.5)$$

式中,k 为温度修正系数,mm/ ℃。

需要说明的是,从变形修正处理的效果看,变形随时间的变化曲线并不很平滑,呈小幅波动变化,效果仍不足够理想,但整体趋势明显,不影响对蠕变规律的判别。

模型锚地表蠕变试验变形变化典型曲线如图 2.23 所示。试验成果表明:

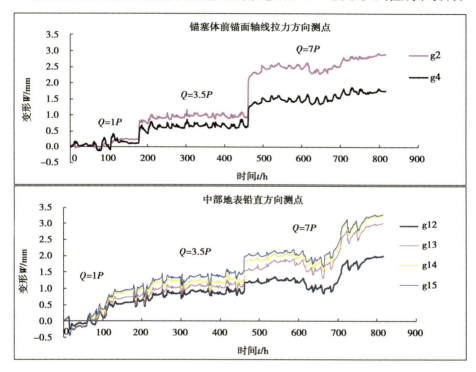

图 2.23　锚塞体及地表测点蠕变试验 *W-t* 曲线

①1*P*、3.5*P* 荷载作用下,锚塞体轴线拉力方向的测点的 *W-t* 曲线平缓,荷载终止时,位于锚塞体前端测点(此处为缆索的连接部位,是锚碇系统在拉力作用下变形集中表现部位)的蠕变变形在 0.01 ~ 0.22 mm,西锚大于东锚;位于洞脸岩体的蠕变变形在 0.14 mm 以内,一般为 0.05 mm,两锚塞体之间岩体(g3)的蠕变变形最大。

②7*P* 荷载作用下,各测变形随时间呈等速率增加变化趋势,铅直方向比轴线拉力方向更加明显。轴线拉力方向的蠕变变形为 0.34 ~ 0.87 mm,铅直方向的蠕变变形为 0.63 ~ 1.48 mm。

总体上看,在各级荷载作用下,均有不同程度的蠕变现象,且随着荷载水平的增加,蠕变变形相应增加,7P荷载水平的蠕变效应更加明显。各测点因蠕变产生的蠕变位移空间分布规律与瞬时位移分布规律基本一致,即中部铅直测点变形位移最大,前端铅直测点次之,轴线拉力方向测点位移最小。

2)锚塞体周围岩体蠕变试验成果分析

不同深度部位蠕变试验典型曲线如图2.24所示。试验成果表明:

①1P、3.5P荷载水平作用下,锚塞体周围岩体在轴线拉力方向的蠕变位移一般为 0.05 mm,个别测点达到0.15 mm;铅直方向的蠕变位移为0.05 mm,与轴线拉力方向相当。

②7P荷载水平作用下,测点产生明显蠕变位移,蠕变更加明显。锚塞体周边岩体在轴线拉力方向的蠕变位移为0.06~0.19 mm,锚塞体中部岩体测点蠕变位移大;铅直方向的蠕变位移为 0.09~0.45 mm,蠕变位移大的部位出现锚塞体上部岩体。

③总体上,在各级荷载下,锚塞体周边岩体均出现不同程度蠕变现象,且随着荷载水平的加大,蠕变位移亦增加,蠕变效应越加明显,特别是在7P荷载水平作用下。蠕变位移变化的空间分布规律与瞬时位移的空间分布规律基本一致,即瞬时位移大的部位,其蠕变位移相应亦大。

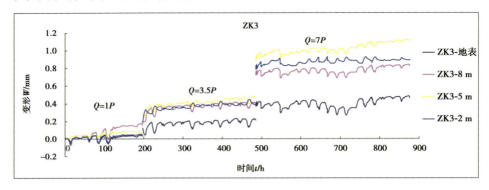

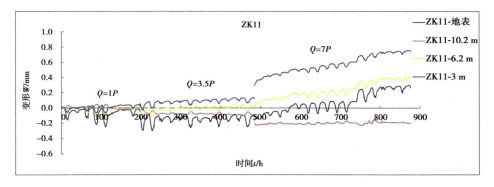

图 2.24　多点位移计测点 $W\text{-}t$ 曲线

2.5　基于缩尺试验的隧道式锚碇破坏特性分析

在完成 $7P$ 蠕变试验后,卸载至 0,休止 24 h 后进行极限破坏试验。极限破坏试验按 $1P$、$2.25P$、$3.5P$、$4.75P$、$6P$、$7P$……分级加载至破坏,实际加载至约 $11.0P$ 时破坏,此时压力勉强能维持,但变形持续增大,锚塞体周围裂隙显著扩展,表明模型锚达到极限破坏,然后分级卸载至 0。

1)锚塞体及地表位移分析

模型锚极限破坏试验典型曲线如图 2.25 所示。以东锚体前锚测点(g4)为例,在荷载 $8P$(17 193 kN)前,$Q\sim W$ 曲线基本为线性,即随着荷载的增加,锚塞体变形线性增大。加载至 $10P$(21 600 kN)期间,变形速率增大,变形由 0.656 mm增大至 1.546 mm,变形约增大 1 倍,表明锚塞体周围岩体在 $8P$ 后进入屈服阶段。$10P$ 后,变形速率继续不断,$11P$(23 760 kN)后变形迅速增大,荷载难以维持,地表开裂。为了达到完全破坏,西锚最大变形超过 48 mm 后(岩体大量开裂)开始卸载,卸载至 0,回弹变形小,说明已完全破坏。

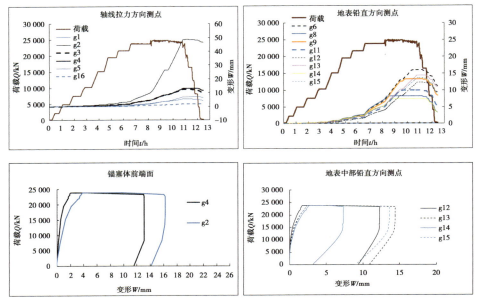

图 2.25　模型锚极限破坏试验 Q-t，W-t，Q-W 典型曲线

此外,监测成果显示,西锚变形大于东锚变形。从岩性、构造看,东西锚无明显差异;从地形上看,东锚东侧受山体约束,而西锚西侧为临空面,可能是造成西锚变形大于东锚变形的主要原因。东西锚变形对比典型曲线如图 2.26 所示。

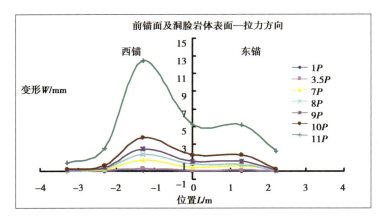

图 2.26　前锚面及洞脸岩体表面变形与位置关系曲线

2）锚塞体周围岩体位移

极限破坏试验锚塞体周围岩体位移测试成果如图 2.27 所示。从图 2.27 中 $Q\text{-}W$ 曲线可见，在 $7P$ 荷载（15 120 kN）前，锚塞体及周围岩体变形随荷载增大近似线性增大，$7P\sim10P$ 变形非线性增大，进入屈服阶段，至 $11P$ 时，荷载基本能稳定，但变形持续最大，卸载后回弹量很小，说明已完全破坏。

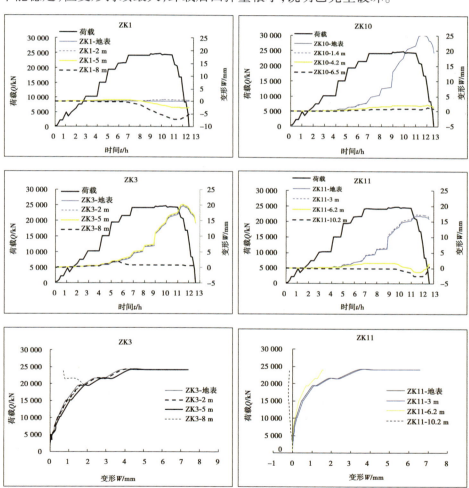

图 2.27　破坏试验多点位移计 $Q\text{-}t$，$W\text{-}t$，$Q\text{-}W$ 关系曲线

3）锚体错动（位错计）

锚塞体与围岩之间的错动变形成果如图 2.28 所示。易知，在 9P 荷载前，锚塞体与围岩之间变形随着荷载的增大而近似线性增大，其中西锚西侧后部测点的错动变形最大。当荷载达到 11P 后所有测点变化增大，表明锚体与岩体之间发生了显著的错动变形，卸载后至 0 后几乎无回弹，表明已完全破坏。11P 破坏荷载作用下，西锚后部错位分别为 35 mm 和 40 mm，东锚后部错位分别为 7.5 mm 和 12 mm。

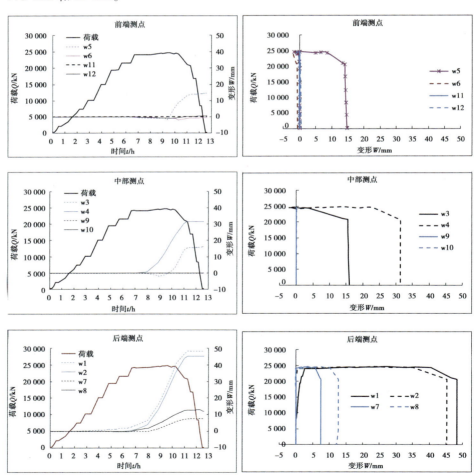

图 2.28　破坏试验位错计 $Q\text{-}t$，$W\text{-}t$，$Q\text{-}W$ 曲线

4）锚塞体应变（应变计）

极限荷载试验的锚体混凝土应变随时间及荷载关系曲线如图2.29所示。从图2.29可见：

①同一部位的轴线拉力方向应变大于径向应变，轴线拉力方向压缩，径向膨胀。

②应变值变化与荷载变化同步，卸载至0后，应变基本恢复至加压前的初始状态，残余应变很少，说明锚塞体混凝土在$11P$荷载以内处于弹性状态。

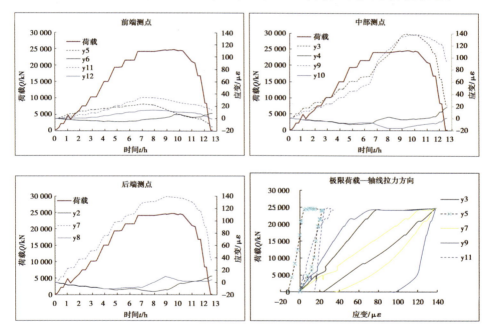

图2.29 极限载荷试验锚塞体应变与荷载关系曲线

5）钻孔测斜

在$7P$蠕变试验完成并休止了24 h后，对两个测斜钻孔进行了初值测量，随后开始极限破坏性载荷试验，在每级荷载下测量1次钻孔倾斜。每级荷载下，位移沿孔深的分布曲线如图2.30所示。从图2.30可见：

x1孔：随着荷载的增加，岩体沿坡外的水平位移不断增大，$9P$荷载时，位移陡增,最大位移 2.11 mm 出现在 4 m 深处,荷载继续增加,水平变形增大,11P 时,4 m 深处位移 2.96 mm,这时地表上出现了 1~3 条裂隙,但地表附近的水平方向未发生显著的位移,说明岩体在深度 4 m 附近发生了明显的错动。

x2 孔:从 7P 荷载开始在 8 m 位置出现明显错动,随着荷载增大错动更加显著,7P~11P 的错动特征与 x1 有所不同的是,8 m 以下反向(向坡内)变形,8 m 以上岩体向坡外变形不断增大。试验过程中观察到在 10P 荷载时,该孔附近地表首先出现裂隙,并不断延伸。

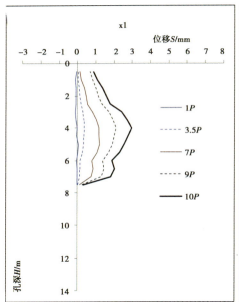 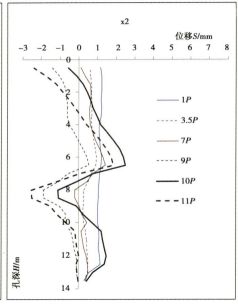

图 2.30　破坏荷载下钻孔测斜位移与孔深曲线

6)软岩隧道锚强度特性

锚塞体前端面测点(g2、g4)部位是主缆连接部位,是锚碇系统在主缆拉力荷载作用下位移的综合体现,以其轴线拉力方向的载荷位移曲线来揭示锚碇变形破坏过程,如图 2.31 所示(注:为使图示清晰,图中截去了 11P 维持荷载阶段的部分变形)。从图 2.31 可见,曲线呈典型的塑性破坏,这体现了软岩隧道式锚碇的破坏特征。6P 以前,荷载变形曲线基本呈线性,最大变形平均为 0.531 mm,

其中设计载荷($1P$)下的最大变形平均为 0.036 mm;荷载超过 $6P$ 后,变形速率明显增加,进入屈服阶段;荷载达到 $10P$ 时,锚碇前端平均变形达到 2.751 mm,两锚间岩体出现裂隙,进入极限破坏;荷载加载至 $11P$ 时,荷载维持期间显著增大,变形达到 7.393 mm,是 $10P$ 荷载时变形的近 3 倍,至 $11.5P$ 后变形为 30.670 mm,且变形趋势不收敛,表明锚塞体周围岩体完全破坏。由上述分析可知,锚碇系统的强度特征值为:比例荷载特征点为 $6P$,屈服荷载特征点为 $8P$,极限荷载特征点为 $10P$。

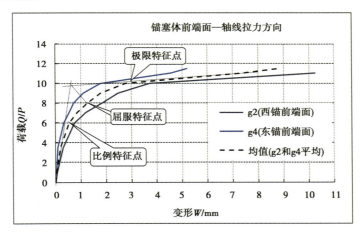

图 2.31 锚塞体拉力方向荷载与变形关系曲线

7) 表面破裂裂缝

1:10 软岩隧道式锚碇模型锚地表裂隙分布如图 2.32 所示。分析可知:在荷载施加至 $10P$ 时,观察到锚塞体中后部地表出现 a 裂隙,并逐渐向前延伸至前锚面;$11.5P$ 时 a 贯通,随后出现 b 和 c,稳定 $11P$ 荷载约 1 h 期间,d、e、f、g 和 h 裂隙出现并不断延伸,稳定荷载约 2 h 时,i、j、k、l 裂隙出现,最后 m、n、o 裂隙出现,且所有裂隙延伸同时裂隙宽度不断增大,其中,a、b、d、i、e 裂隙延伸至描述范围以外,所有裂隙宽度从 1 mm 增大至约 5 mm。前锚室内四周均有裂隙出现,且前锚面附近岩石被挤压破碎。破坏后由于正在下雨,20 h 内前锚室内有大量积水,表明裂隙深度贯通,前锚室裂隙分布如图 2.33 所示。

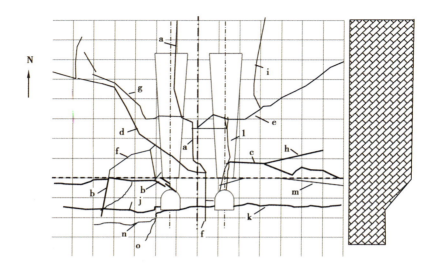

图 2.32　1:10 模型锚地表裂隙分布图

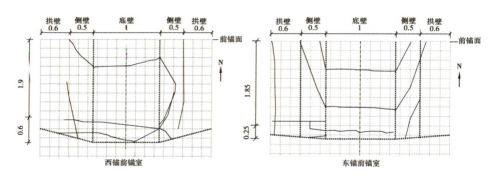

图 2.33　1:10 模型锚前锚室裂隙分布展开图（单位：m）

8) 软岩隧道锚典型破坏模式概化

从地表及锚洞前室的裂缝分布看,地表共出现 10 余条裂隙,按裂缝地表迹线走向,大致可分为 3 组:一是顺锚碇轴线方向,二是与轴线成约 45°角相交,三是垂直于轴线方向。从裂缝出现时间上看,先出现顺锚碇轴线方向的裂缝,再出现与轴线交 45°的裂缝,最后出现垂直于轴线方向的裂缝。从裂缝的性质看,顺锚碇轴线方向的裂缝主要为张开的拉裂缝,与轴线交 45°的裂缝及垂直于轴线方向的裂缝以拉剪裂缝为主。

锚塞体周围岩体铅直方向的位移监测成果显示,锚塞体顶部以上岩体整体向上变形,且明显大于锚塞体下部岩体变形,如极限破坏时,锚塞体顶部以上岩体铅直方向变形为 15 mm 左右,而锚塞体下部岩体铅直方向变形不足 2 mm。测斜成果显示,紧邻锚塞体底部的岩体产生明显水平位移,最大水平位移出现在锚塞体与岩体接触处,如图 2.34 所示,锚碇系统破坏时此处产生明显的错动。

综合上述分析,浅埋式软岩隧道式锚碇的破坏模式为:锚碇顶部的岩体先破裂成块体状,锚塞体沿与岩体接触面产生整体错动,锚碇破坏的下边界为锚塞体与岩体的接触带,如图 2.35 所示。

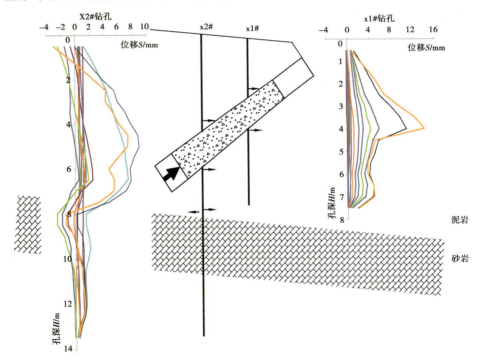

图 2.34　测斜孔水平变形与模型锚错动位置解释图

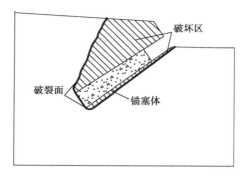

图 2.35　软岩隧道式锚碇破坏模式

2.6　本章小结

在岩石物理力学性质试验的基础上,通过开展软岩隧道式锚碇 1∶10 的缩尺模型锚的常规载荷试验($1P$、$3.5P$、$7P$)、蠕变试验($1P$、$3.5P$、$7P$)及极限破坏试验,获得以下的主要研究结论:

①开展了隧道式锚碇锚址区的岩石力学基本物理力学特性试验,获得了锚址区岩体在天然状态和泡水状态下的相关物理力学参数。

②锚碇周围岩体在铅直方向变形与轴线拉力方向变形相当,主要出现在锚塞体顶部以上岩体。锚碇铅直方向变形较大,这反映了浅埋式软岩隧道式锚碇的受力变形特点。

③$1P$(设计荷载)作用下,锚塞体沿轴线拉力方向最大变形很小,仅 0.049 mm,锚碇处于稳定状态。在 $3.5P$、$7P$ 荷载下仍处于稳定状态,锚塞体沿拉力方向最大变形分别增加到 0.297 mm 和 1.186 mm。

④$1P$、$3.5P$、$7P$ 荷载的蠕变试验结果显示,各荷载级别均表现出一定的蠕

变变形特征,随荷载水平的增加,稳定持续时间及蠕变效应均相应增加,特别在 $7P$ 荷载作用下出现等速率蠕变阶段,但仍属稳定型蠕变。

⑤极限破坏载荷试验结果显示,当荷载达到 $11P$ 时,锚碇系统出现塑性破坏形式,其破坏是由于锚塞体周围岩体及其与岩体的接触带破坏,而锚塞体混凝土仍处于弹性状态。锚碇系统的特征荷载为:$6P$ 为比例界限荷载,$8P$ 为屈服荷载,$10P$ 为极限荷载。软岩隧道式锚碇的破坏模式为:锚塞体顶部的岩体先破裂成块体状,锚塞体沿与岩体接触面产生整体错动,锚碇破坏的下边界为锚塞体与岩体接触带。

第 3 章　水对软岩隧道式锚碇稳定性影响的缩尺模型试验

3.1　工程背景与试验目的

　　本章的依托工程与第 2 章相同,所依托的长江大桥北岸隧道式锚碇设计高程为 222.8 ~ 168.4 m,设计防洪标准为 300 年一遇洪水,设计防洪水位为 203.90 m。该大桥下游拟建 1 座水电站,据其可行性研究报告,水电站建成后正常运行水位为 197 m,在高程 197 m 以下的锚塞体将长期处于江水位以下。锚塞体水下长度占总长度的 75%,锚塞体水下体积占总体积的 70%。锚碇与水位关系如图 3.1 所示。

　　该大桥北岸隧道式锚碇所处的地层为砂泥岩互层的红层岩体,其持力层主要为泥岩,属软岩,且隧道式锚碇的大部分将位于长江正常水位 197 m 以下。水对软岩具有显著的软化作用,导致力学参数降低,因此,需要开展水对隧道式锚碇的长期变形和长期稳定性影响研究。本章分别进行了天然状态和泡水状态下缩尺比例为 1∶30 的模型锚试验,包括载荷试验、蠕变试验及极限破坏性试验,以研究水对隧道式锚碇承载特性及蠕变特性的影响。

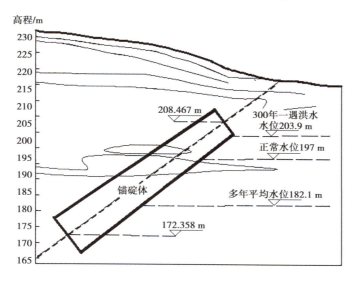

图 3.1　某长江大桥北岸隧道式锚碇与长江水位关系示意图

3.2 **浸水缩尺模型试验设计**

3.2.1　模型锚位置选择与制作

1) 模型锚的位置

为了避开实桥锚可能提前施工对试验的影响,缩尺模型试验位置选择在实桥锚前部西南侧,距离实桥锚前部约 80 m。所选择的试验区域的地形形态与实桥锚相似,勘探钻孔揭示其地质条件基本一致。

2)模型锚的尺寸

开展 1∶3C 隧道式锚碇缩尺模型试验,主要研究隧道式锚碇在泡水状态下的强度变形特征、蠕变特性及破坏模式,编号为 M2。为了与天然状态下同尺度的对比,同时进行同缩尺比例的缩尺模型试验,编号为 M3。

1∶30 缩尺模型锚的设计理论同第 2.2 节,此时 $C=30$,即模型锚的尺寸为:

①锚前锚室及锚室前端面尺寸:10 m/30×10 m/30=0.33 m×0.33 m;

②锚室后端面尺寸:14 m/30×14 m/30=0.47 m×0.47 m;

③前锚室长度:18 m/30=0.6 m;

④锚塞体长度:60 m/30=2 m;

⑤设计荷载(1P):2.16×10^5 kN/30^2=240 kN。单锚采用最大出力 2×3 000 kN 的专用千斤顶,极限出力可以达到设计荷载(1P)的 50 倍。

1∶30 缩尺模型锚仍采用后推法方式加载。由于尺寸较小,且后部安装千斤顶部位需要扩大,从前端开挖无法进行,因此,利用已有地形的陡坎开挖水平导洞至锚塞体后部。导洞尺寸为高 1.5 m、宽 1.2 m,模型锚具体尺寸如图 3.2 所示。

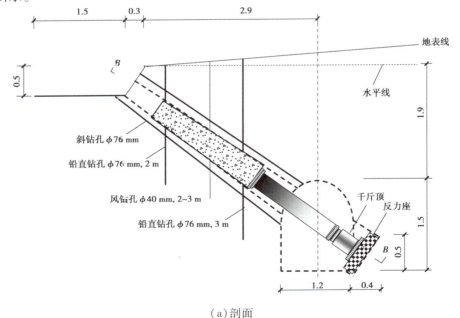

(a)剖面

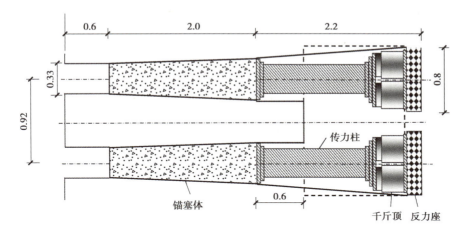

（b）平面布置

图 3.2　1:30 模型锚布置示意图（单位：m）

3) 模型锚的建造

模型锚洞及导洞的开挖全部采用人工凿制,并严格控制导洞的方向和锚洞的方向、倾角、尺寸及洞周围岩石起伏差。开挖完成的模型锚洞如图 3.3 所示。对泡水作用下的模型锚(M2),在模型锚地表设置围堰,围堰内注水,通过在围堰底部布置适量钻孔,以辅助水的渗透,泡水时间 30 d 以上。

采用土壤含水率测试仪(测针法)进行了 24 点含水率测试,同时对 M2 锚取样进行了 5 点室内含水率测试。M2 模型锚泡水前天然含水率为 4.07% ~ 6.77%,平均值 5.33%;对 M2 锚泡水约 2 个月后含水率为 5.65% ~ 9.25%,平均值 7.39%,分别在泡水前后取样至室内采用烘干法各进行了 5 点含水率测试,天然含水率为 4.11% ~ 6.08%,平均值 5.25%;泡水后含水率为 5.81% ~ 8.89%,平均值 7.27%。两种方法所得含水率基本一致。总体上 M2 模型锚泡水后含水率提高了约 38.5%。M3 模型锚的天然含水率为 3.43% ~ 8.87%,平均值 5.36%,与 M2 模型锚泡水前基本一致。

（a）M2 模型锚　　　　　　　　　　　（b）M3 模型锚

图 3.3　开挖完成的模型锚洞

3.2.2　监测仪器布置

1）地表（表面）变形观测

地表（表面）变形布置 3 条测线，投影至地表的前后测线每条布置 10 只位移传感器，中间测线布置 6 只位移传感器，基准梁为 3 根 6 m 长的钢管（外径 220 mm）。测点布置如图 3.4 所示，其中 GS2（17）、GS4（19）分别为布置在西锚、东锚前端面轴线拉力方向测点，GS1（16）、GS3（18）、GS5（20）为洞脸岩体轴线拉力方向测点，GS6（21）~ GS15（28）为地表铅直方向测点。注：括号内编号为 M3 模型锚测点。

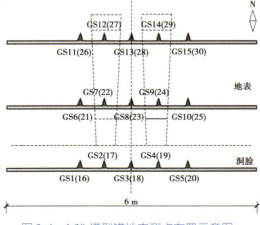

图 3.4　1:30 模型锚地表测点布置示意图

2）模型锚周围岩体变形观测

为了监测试验过程中锚塞体周围岩体变形,沿铅直方向和拉力方向各布置5 个多点位移计钻孔,如图 3.5 和图 3.6 所示。钻孔深度 3 m,每个钻孔布置 3 个位移测点,测点深度见表 3.1。

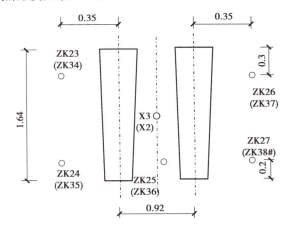

图 3.5　1:30 模型锚地表钻孔布置示意图（单位： m）

注:括号中钻孔编号为 M2 模型锚。

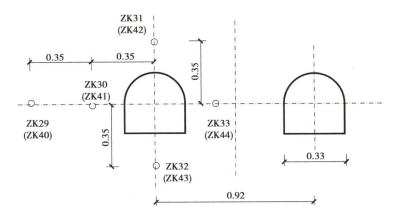

图 3.6　1:30 模型锚受力方向钻孔布置示意图（单位： m）

注:括号中钻孔编号为 M2 模型锚。

表 3.1　钻孔多点位移计测点深度表（单位：m）

钻孔编号		钻孔方向	测点编号（从外向里）		
M2	M3		3#	2#	1#
ZK40 ~ ZK44	ZK29 ~ ZK33	轴线拉力方向	0.4	1.3	2.4
ZK34 ~ ZK38	ZK23 ~ ZK27	铅直	0.2	1.7	2.9

3）锚塞体应力应变

单个锚塞体中部埋设 1 个断面应变计，轴向 1 只，径向 1 只，每个模型锚共计 4 只应变计。

4）钻孔测斜

为监测岩体内部的破坏位置，在每个模型锚的两锚塞体之间的中部布置了 1 个铅直方向测斜钻孔，如图 3.5 所示。

3.2.3　试验系统与加载方案

1）加载系统

加载系统采用微机伺服控制与数据采集系统，见第 2.2.4 节。滚轴丝杆式伺服加卸载，具有施加荷载高，压力伺服控制精度高，控制方便等特点。4 台千斤顶采用油路多通并联，通过高压油路开关任意平滑转换，整个加（卸）载过程通过压力传感器和采集系统自动采集。

2）测量系统

变形测量分为地表（表面）变形和锚塞体周围岩体内部变形，表面变形量测采用光栅位移传感器，最大量程 50 mm，分辨率 1 μm，由采集仪与计算机连接进行实时采集。为了减小温度影响将整个测量系统采用隔热材料封闭在类似图 2.12 的现场试验室内，并用 3 台空调恒温。内部变形测量及应变计、位错计全部采用振弦式传感器,由 2 台数据采集仪和 1 台计算机进行数据采集。钻孔测斜采用 CX-3C 测斜仪,该仪器可自动记录测次、深度及变形等参数。

3) 加载方案

(1) 荷载试验加载方案

采用分级加(卸)荷单循环方法进行,从零开始加载,分 3~4 级施加,荷载为 $1.0P$、$2.25P$、$3.5P$、$5.25P$(P 为 1 倍设计荷载,240 kN,下同),每级分 5 步加(卸)载。每步连续加载到相应压力后,稳定后按同样步数逐次卸载至 0。

采用自动伺服系统加载,所有数据自动采集,每级连续加载 5~10 min,内部变形观测传感器自动循环采集,采样间隔为 3~5 min,表面变形观测传感器采样间隔 1 min。采用相对变形稳定标准,以轴线方向的锚塞体及周围岩体测点为识别对象,每级稳定时间不少于 30 min,并在每 10 min 时对选定测点进行判别,达到变形稳定标准后加(卸)下级荷载。每级试验完成后休止 12~24 h 后进行下一级试验。

(2) 蠕变试验加载方案

分别在 $1.0P$ 和 $3.5P$ 荷载下进行蠕变试验,观测锚体及周围岩体的长期变形,研究锚碇周围岩体时效变形。蠕变试验加载时,采样间隔为 0.1 min,保持荷载期间采样间隔为 5~10 min,每级恒载持续时间不少于 5 d,直至变形基本稳定在 ±3 μm 后终止。每级试验完成后休止 12~24 h 后进行下一级试验。

在试验过程中,重点对沿拉力方向的锚塞体及周围岩体变形进行稳定判别。

(3) 极限破坏试验加载方案

在完成常规荷载试验和蠕变试验后,采用连续加载方法直至破坏。

3.3
<h1 style="color:#1a3a7a; margin-left:20px;">浸水对隧道式锚碇承载特性的影响分析</h1>

1)设计荷载(1P)试验成果分析

(1)地表变形测试成果分析

地表变形包括地表铅直方向和锚塞体轴线拉力方向。其中,铅直方向上变形和轴线拉力方向向坡(山体)外变形为"+",反之为"-",下同。1P 荷载下M2、M3 模型锚地表测点的荷载、时间与变形关系曲线如图 3.7 所示。

M2 泡水模型锚在 1 P(1 P = 240 kN)设计荷载作用下,地表变形有如下规律:

沿锚塞体轴线拉力方向,西锚前锚面(GS2)与东锚前锚面(GS4)均向坡外变形,最大位移分别为 0.029 mm 和 0.028 mm,西锚位移与东锚相当;洞脸岩体表面拉力方向的位移在 0.014 mm 左右,均向坡外变形;前部地表铅直方向位移0.032 ~ 0.044 mm,后部地表铅直方向位移 0.034 ~ 0.047 mm,两者位移相当;位于地表测点的铅直方向位移大于锚塞体前端测点的轴线拉力方向测点位移。加载阶段,位移随荷载的增大而增加,位移滞后;卸载阶段,位移量并未同步减小,大部分位移不可恢复。

M3 模型锚在 1P(1P = 240 kN)设计荷载作用下,地表变形有如下规律:

沿锚塞体轴线拉力方向,西锚前锚面(GS17)与东锚前锚面(GS19)均向坡外变形,最大位移分别为 0.019 mm 和 0.021 mm,西锚位移与东锚相当;洞脸岩体表面拉力方向的位移为 0.006 ~ 0.021 mm,均向坡外变形;前部地表铅直方向位移为 0.021 ~ 0.029 mm,后部地表铅直方向位移为 0.015 ~ 0.023 mm,两者位移相当,均向上变形;位于地表测点的铅直方向位移大于锚塞体前端测点的轴线拉力方向测点位移。加载阶段,位移随荷载的增大而增加,位移滞后;卸载阶段,少部分位移未恢复。

综上分析可知,泡水后的 M2 位移大于天然状态 M3 位移,铅直方向位移大于轴线拉力方向位移。总体来看,1P 荷载下地表各部位的位移量均在 0.05 mm 以内,位移量很小。

(2)锚塞体周围岩体位移测试成果分析

M2、M3 模型锚分别用 10 只(轴线拉力与铅直方向各 5 只)钻孔多点位移计对锚塞体周边岩体的位移进行监测,典型荷载、时间与位移曲线如图 3.8 和图 3.9 所示。

锚塞体周围岩体变形测试成果表明:

M2:1P 荷载下,加载时,无论是铅直方向还是轴线拉力方向,位移都随荷载增大而增大,卸载后部分测孔的位移有少许回弹现象;铅直方向位移大于轴线拉力方向位移,但所测得的位移量均在 0.05 mm 以内,锚塞体周围岩体产生的位移很小。

M3:1P 荷载下,无论是铅直方向还是轴线拉力方向,位移变化规律都与 M2 近似,但所测得的位移量在 0.02 mm 以内,表明天然状态锚塞体周围岩体产生的位移小于泡水状态下锚塞体周围岩体的位移。

(3)锚塞体混凝土应变

1P 荷载作用下荷载与应变关系曲线如图 3.10 所示。其中,拉应变为"-",压应变为"+"。锚塞体混凝土应变测试成果表明:

M2:1P 荷载作用下,应变值随荷载的变化基本同步,卸载后少许残余应变,表明锚塞体混凝土处于弹性状态;轴向最大应变为 11.1 $\mu\varepsilon$,表现为混凝土压缩;径向最大应变为 4.1 $\mu\varepsilon$,表现为混凝土膨胀。总体上,东锚塞体的应变大于西锚塞体的应变,轴向应变大于径向应变。

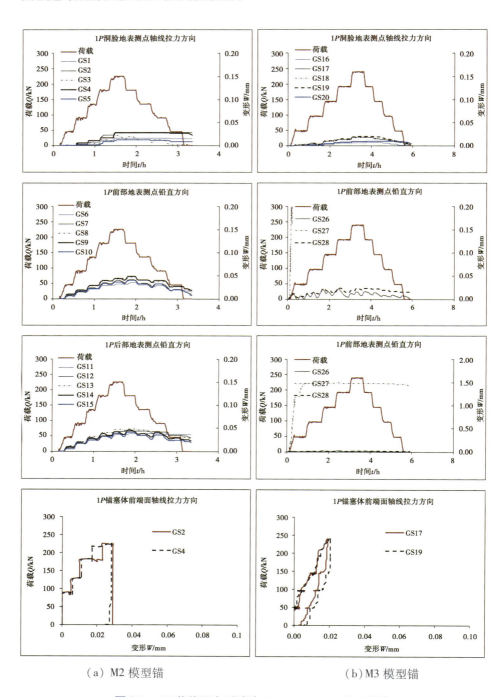

（a）M2 模型锚　　　　　　　　　　（b）M3 模型锚

图 3.7　1P 荷载下变形试验 Q-t，W-t，Q-W 关系曲线

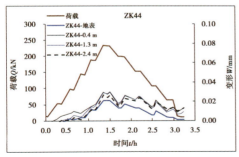

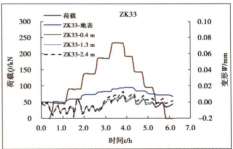

（a）M2 模型锚　　　　　　　　　　（b）M3 模型锚

图 3.8　1P 荷载下轴线拉力方向 Q-t，W-t 关系曲线

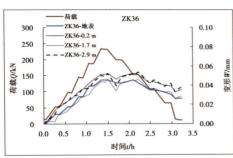

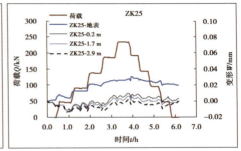

（a）M2 模型锚　　　　　　　　　　（b）M3 模型锚

图 3.9　1P 荷载下铅直方向 Q-t，W-t 关系曲线

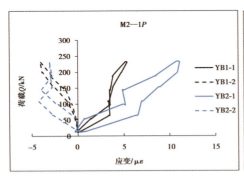

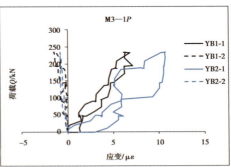

（a）M2 模型锚　　　　　　　　　　（b）M3 模型锚

图 3.10　1P 荷载作用下锚塞体应变测试曲线

M3：1P 荷载作用下,应变值随荷载的变化基本同步,卸载后少许残余应变,

表明锚塞体混凝土处于弹性状态;轴向最大应变为 10.7 $\mu\varepsilon$,表现为混凝土压缩;径向最大应变为 1.4 $\mu\varepsilon$,主要表现为混凝土膨胀。总体上,东锚塞体的应变大于西锚塞体的应变,轴向应变大于径向应变。

综上分析可知,1P 荷载作用下,混凝土处于弹性状态;在相同荷载下,泡水后的 M2 的应变大于天然状态下的 M3 应变;锚塞体轴线拉力方向表现为混凝土压缩变形,径向表现为膨胀拉伸;轴向应变值大于径向应变,东锚体应变值大于西锚体。

2)超载(3.5P)试验成果及分析

(1)地表变形测试成果分析

3.5P 荷载下 M2、M3 模型锚地表测点的荷载、时间与变形关系曲线分别如图 3.11 所示。

M2 泡水模型锚在 3.5P 超载荷载作用下,地表(表面)变形有如下规律:

沿锚塞体轴线拉力方向,西锚前锚面(GS2)与东锚前锚面(GS4)均向坡外变形,最大位移分别为 0.197 mm 和 0.201 mm,西锚位移与东锚相当;洞脸岩体表面拉力方向的位移为 0.088~0.201 mm,均向坡外变形;前部地表铅直方向位移为 0.127~0.227 mm,后部地表铅直方向位移为 0.151~0.217 mm,两者位移相当。

总体上,位于地表测点的铅直方向位移略大于锚塞体前端测点的轴线拉力方向测点位移。加载阶段,位移随荷载的增大而增加,位移滞后;卸载阶段,位移量随荷载减少同步减小,仅少许位移未恢复。

M3 模型锚在 3.5P 荷载作用下,地表(表面)变形有如下规律:

沿锚塞体轴线拉力方向,西锚前锚面(GS17)与东锚前锚面(GS19)均向坡外变形,最大位移为 0.105 mm 和 0.111 mm,西锚位移与东锚相当;洞脸岩体表面拉力方向的位移为 0.047~0.090 mm,均向坡外变形;前部地表铅直方向位移为 0.051~0.097 mm,后部地表铅直方向位移为 0.045~0.052 mm,均向上变形,前部地表大于后部地表;位于地表测点的铅直方向位移小于锚塞体前端测点的轴线拉力方向测点位移。加载阶段,位移随荷载的增大而增加;卸载阶段,位移随荷载的减少而减小,少许位移未恢复。

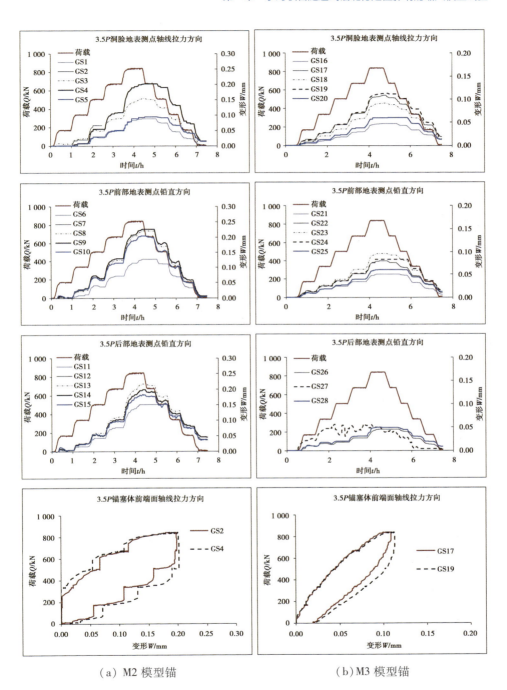

（a）M2 模型锚　　　　　　　　　（b）M3 模型锚

图 3.11　3.5*P* 荷载下变形试验 *Q-t*，*W-t*，*Q-W* 关系曲线

总体上看,3.5P 荷载下,泡水后的 M2 位移大于天然状态 M3 位移,铅直方向位移略小于轴线拉力方向位移。

(2)锚塞体周围岩体位移测试成果分析

3.5P 荷载作用下多点位移计各测点荷载、时间与位移关系典型曲线如图3.12 和图 3.13 所示。

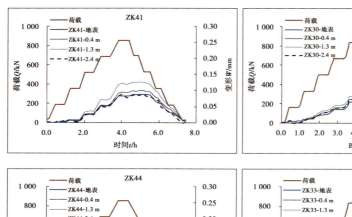
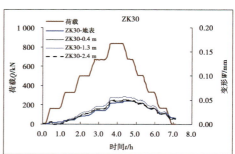
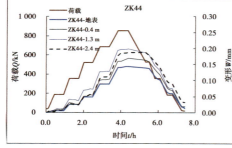
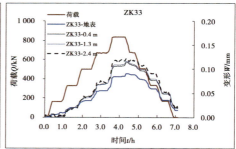
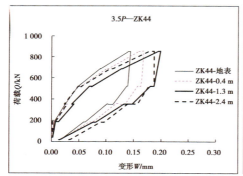
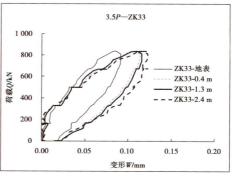

（a）M2 模型锚　　　　　　　　（b）M3 模型锚

图 3.12　3.5P 荷载下轴线拉力方向 Q-t，W-t，Q-W 关系曲线

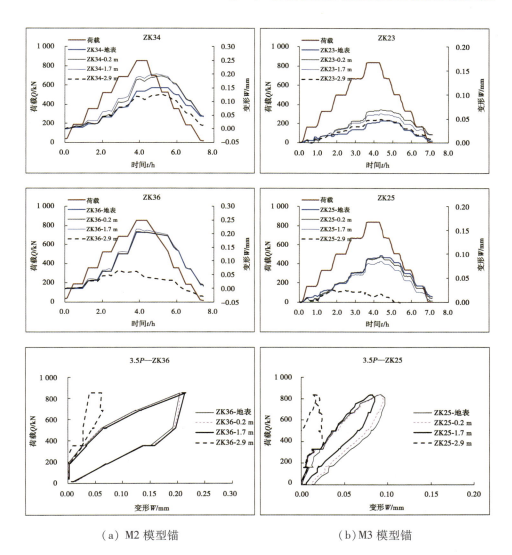

（a）M2 模型锚　　　　　　　　　　（b）M3 模型锚

图 3.13　3.5P 荷载下铅直方向 Q-t，W-t，Q-W 关系曲线

M2 泡水模型锚在 3.5P 荷载下，锚塞体周围岩体变形有如下规律：

①锚塞体周围岩体各测点变形基本上向坡外、向上变形，沿轴线拉力方向位移为 0.052～0.232 mm，铅直方向位移为-0.010～0.214 mm，轴线拉力方向位移大于铅直方向位移。加载过程中，变形与荷载变化趋势一致，但变形滞后于荷载；卸载后，锚塞体轴线拉力方向的变形及铅直方向位移均有较好的回弹

现象,残余变形占总变形比例小。

②沿锚塞体轴线拉力方向,位于两锚塞体中间岩体(ZK44)变形总体表现为中部岩体变形大,锚塞体后部及前部小,如 ZK44-0.4 m(0.168 mm)、ZK44-1.3 m(0.199 mm)、ZK44-2.4 m(0.188 mm)。

③锚塞体周围岩体沿铅直方向的位移表现为锚塞体以上岩体位移大于锚塞体下部岩体的位移,如 ZK36-0.2 m(0.206 mm)、ZK36-1.7 m(0.214 mm)、ZK36-2.9 m(0.039 mm,测点位于锚塞体下部)。

M3 模型锚在 3.5P 荷载下锚塞体周围岩体变形与 M2 有相同的变化规律,沿轴线拉力方向位移为 0.048~0.139 mm,铅直方向位移为 0.014~0.092 mm,轴线拉力方向位移大于铅直方向位移。天然状态下(M3)锚塞体周围岩体的变形明显小于泡水状态(M2)锚塞体周围岩体的变形。

3)锚塞体混凝土应变

3.5P 荷载作用下荷载与应变关系曲线如图 3.14 所示。

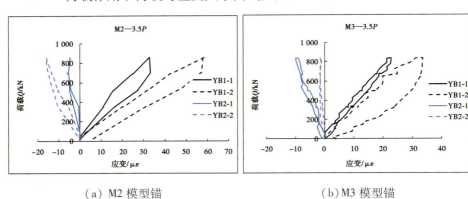

（a）M2 模型锚　　　　　　　　　　　（b）M3 模型锚

图 3.14　3.5P 荷载锚塞体混凝土应变曲线

M2 泡水模型锚在 3.5P 荷载作用下,锚塞体混凝土应变有如下变化规律:

应变值随荷载的变化基本同步,卸载后少许残余应变,表明锚塞体混凝土处于弹性状态;轴向最大应变为 58 $\mu\varepsilon$,表现为混凝土压缩;径向最大应变为 16.1 $\mu\varepsilon$,主要表现为混凝土膨胀;总体上,东锚塞体的应变大于西锚塞体的应变,轴向应变大于径向应变。

M3 模型锚在 3.5P 荷载作用下,锚塞体混凝土应变有如下变化规律:

应变值随荷载的变化基本同步,卸载后少许残余应变,表明锚塞体混凝体处于弹性状态;轴向最大应变为 33.6 $\mu\varepsilon$,表现为混凝土压缩;径向最大应变为 9.9 $\mu\varepsilon$,主要表现为混凝土膨胀;总体上,东锚塞体的应变大于西锚塞体的应变,轴向应变大于径向应变。

由上述可见,3.5P 荷载作用下,混凝土处于弹性变形;在相同荷载下,泡水后的 M2 的应变大于天然状态下的 M3 应变;锚塞体轴线拉力方向表现为混凝土压缩,径向表现为膨胀拉伸;轴向应变大于径向应变,东锚体应变大于西锚体。

3.4　浸水对隧道式锚碇长期稳定性的影响分析

1)地表蠕变测试成果分析

试验中,分别对 M2、M3 模型锚在 1P、3.5P 荷载水平下进行了蠕变试验。M2、M3 模型锚地表测点蠕变试验位移变化曲线如图 3.15 所示。

M2 泡水模型锚蠕变试验的地表测点蠕变规律如下:

①1P 荷载下,有一定的蠕变现象。蠕变终止时,位于锚塞体前端测点(此处为缆索的连接部位,是锚碇系统在拉力作用下位移集中表现部位)的蠕变位移为 0.06 mm;位于洞脸岩体的蠕变位移在 0.05 mm 以内,两锚塞体之间岩体(GS3)的蠕变位移最大;锚塞体后部地表及前部地表的铅直方向测点在荷载终止时,蠕变位移相当,在 0.15 mm 左右。

②3.5P 荷载蠕变试验终止时,位于锚塞体前端测点(GS2、GS4)的蠕变位

移为 0.11~0.19 mm;位于洞脸岩体的蠕变位移为 0.09~0.15 mm,两锚塞体之间岩体(GS3)的蠕变位移最大;锚塞体地表后部及前部的铅直方向的测点在荷载终止时,蠕变位移相当,为 0.22~0.36 mm。总体上,3.5P 荷载蠕变现象较 1P 明显,但仍为稳定型蠕变。

M3 模型锚蠕变试验的地表测点蠕变规律如下:

①1P 荷载下,有一定的蠕变现象。蠕变终止时,位于锚塞体前端测点的蠕变位移为 0.05 mm;位于洞脸岩体的蠕变位移在 0.05 mm 以内,两锚塞体之间岩体(GS18)的蠕变位移最大;锚塞体地表后部及前部的铅直方向的测点在荷载终止时,蠕变位移相当,在 0.10 mm 左右。

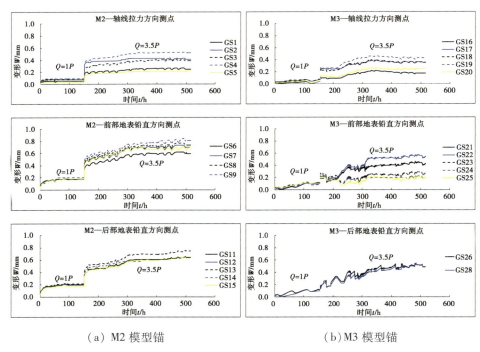

(a)M2 模型锚   (b)M3 模型锚

图 3.15　地表测点蠕变试验 W-t 曲线

②3.5P 荷载蠕变试验终止时,位于锚塞体前端测点(GS17、GS19)的蠕变位移为 0.12~0.18 mm;位于洞脸岩体的蠕变位移为 0.09~0.15 mm,两锚塞体之间岩体(GS18)的蠕变位移最大;锚塞体地表后部及前部的铅直方向的测点

在荷载终止时,蠕变位移为 $0 \sim 0.34$ mm。总体上,$3.5P$ 荷载蠕变现象较 $1P$ 明显,但仍为稳定型蠕变。

比较可见,泡水状态下的 M2 与天然状态下的 M3 在各级荷载作用下,地表测点均有不同程度的蠕变现象,且随着荷载级的加大,蠕变位移相应增加,$3.5P$ 荷载水平的蠕变效应较为明显,但仍为稳定型蠕变。泡水状态下的蠕变效应大于天然状态的蠕变效应。

2)锚塞体周围岩体蠕变

锚塞体周围岩体蠕变重点监测了位于两锚塞体之间测孔,分别为轴线拉力方向的 ZK44(M2)、ZK33(M3)测孔和铅直方向的 ZK36(M2)、ZK25(M3)测孔。蠕变全过程不同深度测点的位移、时间变化过程曲线如图 3.16 所示。锚塞体周围岩体蠕变试验成果表明:

M2:$1P$ 荷载水平作用下,锚塞体周边岩体在轴线拉力方向的蠕变位移在 0.07 mm 以内;铅直方向的蠕变位移为 0.13 mm,大于轴线拉力方向的蠕变位移。$3.5P$ 荷载水平作用下,锚塞体周围岩体在轴线拉力方向的蠕变位移在 0.20 mm 左右;铅直方向的蠕变位移为 $0.21 \sim 0.34$ mm,大于轴线拉力方向的蠕变位移。$3.5P$ 荷载水平蠕变效应大于 $1P$,均为稳定型蠕变。

M3:$1P$ 荷载水平作用下,锚塞体周围岩体在轴线拉力方向的蠕变位移为 $0.02 \sim 0.12$ mm;铅直方向的蠕变位移为 0.10 mm,与轴线拉力方向的蠕变位移相当。$3.5P$ 荷载水平作用下,锚塞体周围岩体在轴线拉力方向的蠕变位移在 0.18 mm 左右,铅直方向的蠕变位移在 0.08 mm 以内。总体上,$3.5P$ 荷载水平蠕变效应大于 $1P$,均为稳定型蠕变。

比较可见,泡水状态下的 M2 与天然状态下的 M3 在各级荷载作用下,锚塞体周围岩体均有不同程度的蠕变现象,且随着荷载级的加大,蠕变位移相应增加,蠕变时间更长,$3.5P$ 荷载水平的蠕变效应较为明显,泡水状态下的蠕变效应大于天然状态的蠕变效应。

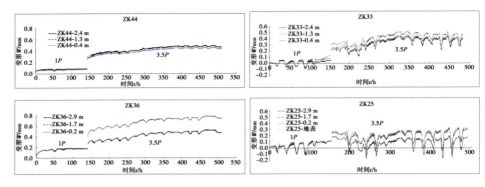

（a）M2 模型锚　　　　　　　　　（b）M3 模型锚

图 3.16　多点位移计测点 *W-t* 曲线

3）锚体应变测点（应变计）

M2 和 M3 锚塞体混凝土蠕变试验的应变与时间关系曲线如图 3.17 所示。无论是 1*P* 荷载还是 3.5*P* 荷载，蠕变应变较小，无明显的蠕变现象，锚塞体混凝土可近似为弹性状态。

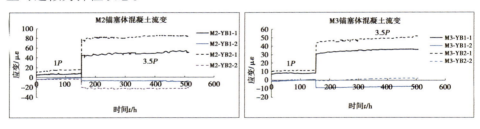

（a）M2 模型锚　　　　　　　　　（b）M3 模型锚

图 3.17　锚塞体应变计蠕变曲线

3.5　浸水对隧道式锚碇破坏特征的影响分析

M2 和 M3 模型锚的极限破坏试验是在 3.5*P* 荷载蠕变试验完成后，并休止

2~3 d 后进行。采用分级连续加载方式,连续加载至破坏后,监测主要测点的变形情况使其变形达到破坏时的 2 倍而终止加载。

1) 地表位移分析

锚塞体前锚面的特征荷载-位移曲线与典型地表测点荷载-位移曲线如图 3.18 所示。

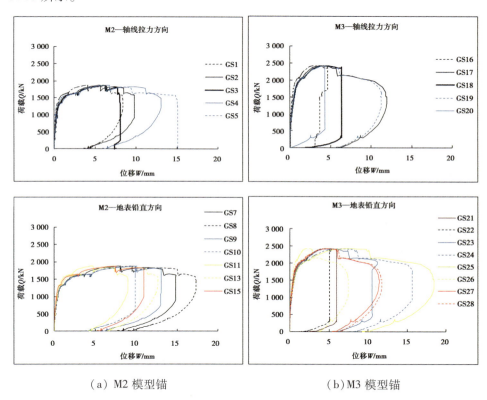

（a）M2 模型锚　　　　　　　　（b）M3 模型锚

图 3.18　模型锚表面测点荷载与位移全过程曲线

极限破坏试验表明:

M2:①各测点的变化分布规律与 1P(设计荷载)、3.5P(超载)载荷试验相同;加载阶段,位移随荷载的增大而增加。破坏后卸载,位移几乎未恢复,表明已完全破坏,地表已相应出现裂缝。②锚塞体前锚面是悬索桥主缆索连接点,其变形是在受荷下锚塞体变形的综合反应,同时也是缆索变形控制的关键部位。结合前锚面测点(GS2、GS4)荷载与位移变化关系如图 3.19 所示,得出强度特征值:比例荷载特征点为 3.5P(840 kN),屈服荷载特征点为 5.2P(1 248 kN),极限荷载特征点为 6.3P(1 512 kN)。

M3:①各测点的变化分布规律与 1P(设计荷载)、3.5P(超载)载荷试验相同;加载阶段,位移随荷载的增大而增加。破坏后卸载,位移几乎未恢复,表明已完全破坏,地表已相应出现裂缝。②结合前锚面测点(GS17、GS19)荷载与位移变化关系,如图 3.19 所示,得出强度特征值:比例荷载特征点为 4.5P(1 080 kN),屈服荷载特征点为 7.2P(1 728 kN),极限荷载特征点为 8.0P(1 920 kN)。

由上述分析可知,泡水状态 M2 的表面测点强度特征值明显大于天然状态 M3 的表面测点强度特征值。

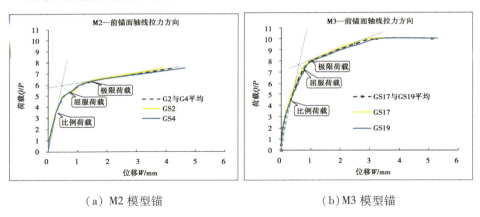

（a）M2 模型锚　　　　　　　　　　（b）M3 模型锚

图 3.19　锚塞体前锚面荷载与位移全过程曲线

2）锚塞体周围岩体位移

锚塞体周围岩体重点监测了两锚塞体之间的轴线向测孔 ZK44(M2)、ZK33(M3)及铅直方向测孔 ZK36(M2)、ZK25(M3),荷载与位移关系曲线如图 3.20 所示,特征荷载曲线如图 3.21 所示。试验成果表明:

M2:①各测点的变化分布规律与 1P(设计荷载)、3.5P(超载)载荷试验相同;加载阶段,位移随荷载的增大而增加。破坏后卸载,位移几乎未恢复,表明已完全破坏,地表已相应出现裂缝。②结合两锚塞体之间的轴线拉力方向测点

（ZK44）及铅直方向测点（ZK36）荷载与位移变化关系,如图 3.21 所示,得出强度特征值:比例荷载特征点为 3.5P(840 kN),屈服荷载特征点为 5P(1 200 kN),极限荷载特征点为 6.2P(1 488 kN)。

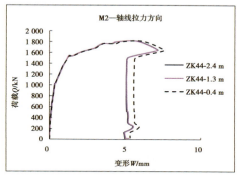
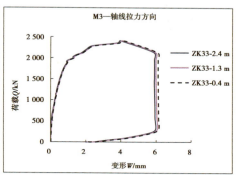
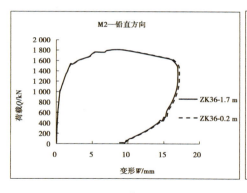
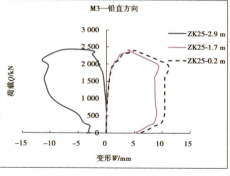

（a）M2 模型锚　　　　　　　　（b）M3 模型锚

图 3.20　极限破坏试验多点位移计 Q-W 关系全过程曲线

M3:①各测点的变化分布规律与 1P(设计荷载)、3.5P(超载)载荷试验相同;加载阶段,位移随荷载的增大而增加。破坏后卸载,位移几乎未恢复,表明已完全破坏,地表已相应出现裂缝。②结合两锚塞体之间的轴线拉力方向测点（ZK33）及铅直方向测点（ZK25）荷载与位移变化关系,如图 3.21 所示,得出强度特征值:比例荷载特征点为 4P(960 kN),屈服荷载特征点为 6.8P(1 632 kN),极限荷载特征点为 8P(1 920 kN)。

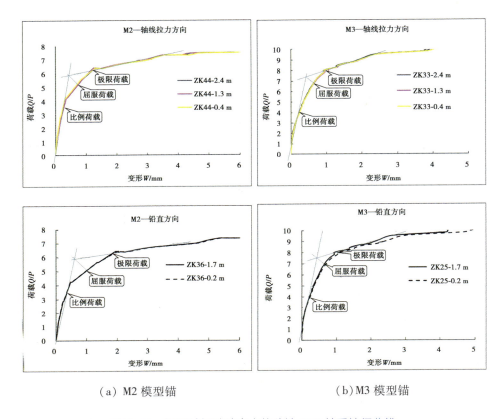

（a）M2 模型锚　　　　　　　　　　（b）M3 模型锚

图 3.21　极限破坏试验多点位移计 Q-W 关系特征曲线

由上述分析可知,泡水状态 M2 的锚塞体周围岩体的强度特征值明显大于天然状态 M3 的锚塞体周围岩体的特征强度值。

综合模型锚地表(表面)测点、锚塞体前锚面测点及周围岩体的荷载与位移的关系特征,得出模型锚的强度特征值:M2 的比例荷载特征点为 $3.5P$(840 kN),屈服荷载特征点为 $5P$(1 200 kN),极限荷载特征点为 $6P$(1 440 kN);M3 比例荷载特征点为 $4P$(960 kN),屈服荷载特征点为 $6.8P$(1 632 kN),极限荷载特征点为 $8P$(1 920 kN)。

3)锚塞体混凝土应变(应变计)

图 3.23 为 M2 和 M3 锚体内部应变与荷载关系的全过程曲线。分析图 3.23 可知,拉力方向应变大于径向应变,东侧锚塞体轴向应变大于西侧锚体,

M2 锚塞体轴向应变大于 M3 锚塞体轴向应变,径向应变二者相当。从破坏试验的应变与荷载的过程线分析,卸载后有较好的卸载回弹,锚塞体(混凝土)近似处于弹性状态,说明模型锚的破坏主要是锚塞体周围岩体的破坏。

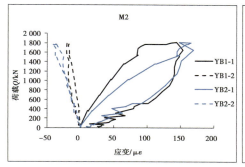
（a）M2 模型锚

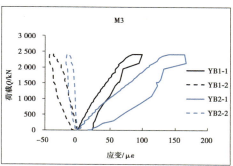
（b）M3 模型锚

图 3.22　破坏试验锚塞体应变与荷载关系曲线

4）钻孔测斜

M2、M3 模型锚锚间铅直钻孔倾斜测试结果如图 3.23 所示。

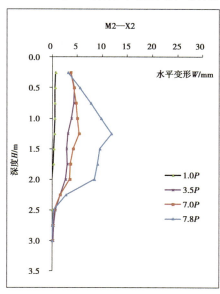
（a）M2 模型锚

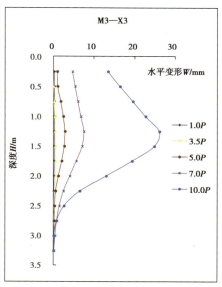
（b）M3 模型锚

图 3.23　钻孔倾斜测试水平位移与钻孔深度关系曲线

由图 3.23 分析可知：

M2：在 3.5P 前，锚塞体上部岩体水平位移最大在 5 mm 以内，出现在地表以下 0.5 m 深处；7P 以上至破坏，最大位移发生在地表以下 1.25 m 深处，即对应于锚塞体与下部岩体接触面，表明破坏面出现在锚塞体与下部岩体接触面。

M3：在 3.5P 前，水平位移在 1 mm 内，主要发生在锚塞体附近，5P 以上荷载至破坏，最大水平位移发生在地表以下 1.25 m 深处，即对应于锚体与下部岩体接触面，表明破坏面出现在锚塞体与下部岩体接触面。

综上所述，无论是泡水状态 M2 模型锚还是天然状态 M3 模型锚，屈服荷载以后，水平最大位移发生在锚体与下部岩体接触面处，模型锚的破坏优先沿锚塞体接触面剪切破坏。在相同荷载下，泡水状态 M2 模型锚的水平位移明显大于天然状态 M3 模型锚。

5）表面破裂裂缝

M2：破坏后裂隙描述如图 3.24（a）所示，其中 a、b、c、d…编号表示裂隙出现的先后顺序。在荷载施加至约 4.2P 时在西锚洞脸右上部开始出现第一条裂缝 a、约 5P 时西锚后部地表出现裂隙 b、c、d，约 6.8P 时东锚洞脸右上部开始出现裂缝 e～j，约 7.8P 时压力不能继续增加，表明岩体破坏，并不断出现新的裂隙 k～q，且已出现的裂隙长度延伸，裂隙宽度变大，最后，P 裂隙贯通模型锚东西端。可见，M2 锚岩体破坏顺序为：由西锚到东锚，由洞脸到地表，最终遍布整个锚体区域，共计观察到 22 条裂隙。

M3：破坏后裂隙描述如图 3.24（b）所示，其中 a、b、c、d…表示裂隙出现先后顺序。在荷载施加至约 5.6P 时地表开始同时出现 3 条裂缝 a、b、c。7～7.8P 时，裂缝密集出现，依次出现 d～i。约 8.2P 时，g 延至与 i 相交。约 8.6P 时 t、o 延至最西端。约 9.8P 时，主要裂缝相互连通，并向两端延伸。最大荷载 10P 时，出现 n～w，其中 g 宽约 3 mm，e 宽约 5 mm，P 位于洞脸下部，且贯穿东西全长，宽 1～2 mm。卸压前 e 宽约 10 mm。从裂隙分布及出现的顺序看，裂隙首先在地表出现，然后在锚洞斜面出现，以后交叉出现，累计表面出现了 24 条裂隙；

从裂隙出现的时候看,在 5.6P 时观察到 3 条裂隙,表明该荷载下锚塞体上部岩体开始屈服,7.8P 前出现了 9 条裂隙且锚洞斜面开始出现裂隙,表明锚塞体周围岩体整体屈服并至完全破坏。

从地表表面及锚洞前室的裂缝分布看,地表共出现 10 余条裂隙,按裂缝地表迹线走向,M2、M3 的破坏裂缝大致均可分为 3 组:一是顺锚碇轴线方向,二是与轴线成约 45°角相交,三是垂直于轴线方向。从裂缝出现时间上看,先出现顺锚碇轴线方向的裂缝,再出现与轴线交 45°的裂缝,最后出现垂直于轴线方向的裂缝。从裂缝的性质看,顺锚碇轴线方向的裂缝主要为张开的拉裂缝,与轴线交 45°的裂缝及垂直于轴线方向的裂缝以拉剪裂缝为主。

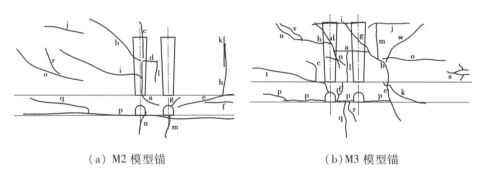

（a）M2 模型锚　　　　　　　　（b）M3 模型锚

图 3.24　M2、M3 模型锚地表破坏裂隙描述图

3.6　水对软岩隧道锚变形与强度的影响分析

3.6.1　水对隧道锚变形的影响

图 3.25 为天然和泡水状态下地表测点不同荷载时变形比较结果。

　　1P 荷载时,轴线拉力方向地表表面变形二者差别不大,但泡水状态的变形平均值总体上大于天然状态;铅直方向岩体地表变形二者差别较大,泡水状态下的变形比天然状态大近 1 倍。3.5P 荷载时,泡水状态下所有表面测点的变形明显大于天然状态,且在大于 3.5P 荷载后直至屈服阶段,相同荷载下泡水状态表面变形也明显大于天然状态。以上分析说明,水对模型锚的变形影响较明显。

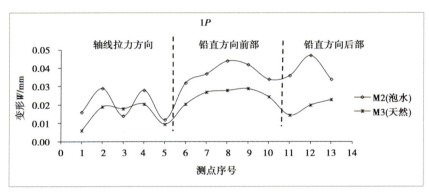

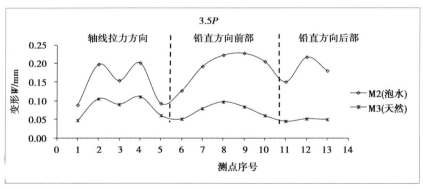

图 3.25　模型锚表面测点变形比较成果曲线

3.6.2　水对特征强度的影响

　　相同状态下不同部位的屈服强度略有差别,其他特征强度相同。为安全起见,取它们中的小值为代表值。根据下式计算模型锚的强度弱化比例:

$$强度弱化比例\ P_r = \frac{泡水状态特征强度\ -\ 天然状态特征强度}{天然状态特征强度}$$

　　统计与计算结果见表 3.2。可见,泡水后比例强度降低了 12.5% ,屈服强度降低了 26.5% ,极限强度降低了 25.0% 。比较含水率可见,泡水后模型锚含水率提高了 38% 左右,相应的特征强度也有显著的下降。

表 3.2　1:30 模型锚特征强度比较结果

模型锚编号	含水状态	平均含水率/%	比例强度	屈服强度	极限强度
M2	泡水	7.39	3.5P	5.0P	6.0P
M3	天然	5.36	4.0P	6.8P	8.0P
强度弱化系数 P_r			−0.125	−0.265	−0.250

3.7　缩尺比例对软岩隧道锚变形与强度的影响分析

　　依据本章缩尺比例为 1:30 的模型锚试验成果,同时结合第 2 章缩尺比例为 1:10(编号为 M1)的模型锚试验成果,对比分析缩尺比例对隧道锚模型试验的影响。

3.7.1　缩尺比例对隧道锚变形的影响

M1、M3 在不同荷载级别下的前锚面轴线拉力方向变形统计见表 3.3。

表 3.3　不同缩尺比例下地表测点变形比较成果

部位	测点编号	M1(缩尺比例 1∶10)／mm						测点编号	M3(缩尺比例 1∶30)／mm					
		1P	均值	3.5P	均值	7P	均值		1P	均值	3.5P	均值	7P	均值
锚塞体前端面	GS2	0.06		0.51		1.28		GS17	0.02		0.18		0.65	
			0.05		0.36		0.93			0.02		0.19		0.71
轴线拉力方向	GS4	0.03		0.20		0.58		GS19	0.02		0.20		0.76	

从表 3.3 可见,缩尺比例 C 越小(模型越大),同等荷载水平下的前锚面轴线拉力方向变形越大,如 3.5P 荷载级别时,M1 模型锚(缩尺比例 1∶10)的变形是 M3 模型锚(缩尺比例 1∶30)的 1.88 倍;荷载级别越大,变形增加的比例越小,如 1P、3.5P、7P 荷载级别,M1 的变形分别是 M3 的 2.60、1.88、1.32 倍。

3.7.2　缩尺比例对强度特性的影响

M1、M3 在不同荷载级别下的表面变形统计见表 3.4。

表 3.4　不同缩尺比例下特征强度比较成果

模型锚编号	含水状态	缩尺比例	比例强度	屈服强度	极限强度
M1	天然	1∶10	6.0P	8.0P	10.0P
M3	天然	1∶30	4.0P	6.8P	8.0P
增加比例[(M1-M3)/M3]			0.50	0.176	0.25

从表可见,缩尺比例 C 越小(模型越大),特征强度越大,M1 的比例强度、屈服强度、极限强度比 M3 分别提高了 50%、17.6%、25%。

3.7.3　缩尺比例对破裂特征及破坏模式的影响

M1 与 M3 的破裂特征及破坏模式基本一致,即破裂裂缝大致可分为 3 组:一是顺锚碇轴线方向的张开拉裂缝,二是与轴线成约 45°角相交的拉剪裂缝,三是垂直于轴线方向的拉剪裂缝。破坏模式为:锚碇顶部的岩体先破裂成块体状,锚塞体沿与岩体接触面产生整体错动,锚碇破坏的下边界为锚塞体与岩体的接触带,锚塞体混凝土未发生破坏。

3.8　本章小结

为研究江水对隧道式锚碇的承载力及长期稳定性影响,开展了天然状态和泡水状态下 1∶30 缩尺模型锚试验研究,获得以下主要结论:

①1∶30 模型锚在泡水与天然状态下的变形对比分析说明,两状态下的变形规律与空间分布规律基本一致。同荷载级别,泡水状态下的变形比天然状态的变形均有不同程度的增大,总体上,变形量大的部位变形增加幅度越大。

②1P、3.5P 荷载的蠕变试验结果显示,各荷载级别均表现出一定的蠕变变形特征,随荷载水平的增加,稳定耗时及蠕变效应均相应增加,水对模型锚的蠕变变形有明显的影响,但均属稳定型蠕变。

③根据 1∶30 模型锚极限破坏载荷试验的结果显示,强度特征点明显,天然和泡水状态下特征强度为:比例荷载分别为 4.0P 和 3.5P,屈服荷载分别为 6.8P 和 5.0P,极限荷载分别为 8.0P 和 6.0P;泡水后特征强度降低明显。综合考虑泥岩的蠕变特性及江水上抬后影响,隧道式锚碇比例强度取 3.5P,屈服强度取 5P,极限强度为 6.0P。天然状态和泡水状态下模型锚的破坏裂缝特征和

破坏模式基本一致。

④天然状态下 1∶10 模型锚与 1∶30 模型锚不同缩尺模型锚的极限破坏荷载试验结果显示,两种缩尺比例的变形规律与空间分布规律基本一致,破坏裂缝特征和破坏模式也基本相同。缩尺比例 C 值越小(模型越大),特征强度越大,变形量总体上也越大。

第4章 结构面对软岩隧道式锚碇稳定性影响的缩尺模型试验

4.1 依托工程概况

某长江大桥设计全长 1 508 m,桥面单幅净宽 17.50 m,桥跨设置:4×40 m+808 m+2×120 m+3×30 m+3×30 m;主桥上部结构为单跨跨径 808 m 的悬索桥,主缆矢跨比 1∶10.5,主梁采用钢箱梁,加劲梁高 3.0 m,吊索标准间距 12 m;主塔采用钢筋混凝土门型塔,横系梁为预应力空心薄壁结构,塔基为承台桩基础;该长江大桥南岸采用隧道式锚碇,北岸采用重力式锚碇。隧道式锚碇的锚碇体采用前小后大的楔形设计,前锚室纵向长度为 35 m,锚室纵向长度为 40 m,后锚室纵向长度为 0.38 m,与水平线的倾角为 40°,最大埋深约为 59 m。横断面顶部采用圆弧形,侧壁和底部采用直线形,前锚面尺寸为 12 m×12 m,顶部圆弧半径为 6 m,后锚面尺寸为 18 m×19 m,顶部圆弧半径为 9 m,如图 4.1 所示。标准组合下,单锚主缆总荷载为 207 MN。

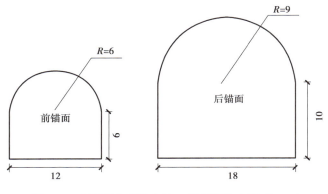

图 4.1　南岸隧道式锚碇前、后锚面尺寸(单位：m)

4.1.1　锚址区工程地质及水文地质条件

1)锚址区气象条件

隧道锚锚址区属亚热带湿润季风气候,四季分明,春旱秋迟,夏热冬暖,初夏有梅雨,盛夏多伏旱,秋季有绵雨,冬季多云雾,霜雪甚少,无霜期长,日照少,风力小,湿度大。年平均气温为 18.50 ℃。一般 8 月为最热月,日最高气温大于 35 ℃。雾日一般从上年的 10 月至次年的 1 月出现,年均为 37.40 d。无霜期年平均为 351 d。日照年平均时数为 1 168.88 h。风速年平均数为 1.10 m/s,夏季雷雨时常出现短时大于 17 m/s 的阵性大风。相对湿度年均为 81%。5 年降水总量为 5 935.30 mm,年均降水量为 1 187 mm。

2)锚址区水文地质条件

拟建桥梁横跨长江,隧道锚锚址区及附近地表水系主要为长江。长江在该段顺直平缓,水流从南西向北东流,河床平坦开阔。该段长江河谷地面高程在 160～225 m,最大高差约 110 m,河面宽约 700 m,河谷宽约 1 000 m。三峡工程正常蓄水水位为 175 m 时,隧道锚锚址区水位达 175.5 m,5 年一遇洪水位为 176.5 m,20 年一遇洪水位为 180.7 m,百年一遇洪水位为 184.9 m。坝前 135 m 接 20% 洪水水位线为 170.10 m,坝前 145 m 接 20% 洪水水位线为 170.10 m,坝前 156 m 接 5% 洪水水位线为 174.70 m,坝前 162 m 接 2% 洪水水位线为 186.60 m,坝前 175 m 接 20% 洪水水位线为 175.50 m。隧道锚锚址区地表高程低于 183 m,属三峡工程浸没区,库区回水形成的浸没现象普遍。

桥位区横跨长江,长江为地下水的排泄基准面,场地水文地质条件较简单,地下水以其储存形式分为两类,即松散岩类孔隙水和基岩风化裂隙水。

（1）松散岩类孔隙水

桥位区为斜坡地形,基岩面与地面近平行,第四系孔隙水主要受大气降雨补给,径流途径短,大气降雨一部分以面流的形式沿斜坡临空面向长江排泄,斜坡段富水性差;临近斜坡坡脚地段受江水补给,富水性较好。故桥位区第四系孔隙水总体贫乏,谷坡坡脚及河床地段地下水丰富。

（2）基岩风化裂隙水

桥位区基岩为泥岩、砂岩夹粉砂岩,泥岩渗透性弱,为相对隔水层,砂岩为相对含水层,场地内以泥岩为主,地下水补给条件差。桥位区基岩岩体较完整,裂隙较发育,但多呈闭合状,结合程度一般,且桥位区位于斜坡地形,有利于地下水的排泄。故桥位区基岩裂隙水总体贫乏。但位于坡脚临江地段,因受裂隙切割影响,与江水联通,地下水较丰富。

桥位区附近无污染源,桥位区地下水类型为 $SO_4 \cdot HCO_3\text{-}Ca^{2+} \cdot$ 型。依据《公路工程地质勘察规范》(JTG C20—2011)附录 K 评价,桥位区地下水对混凝土结构有微腐蚀,可见地下水对桥台区、桥墩区及锚址区影响小。

3）锚址区工程地质条件

（1）地形地貌

桥址区属沿江河谷地貌,拟建桥梁主桥横跨长江,河面宽 700~800 m,河谷宽约 1 000 m,长江河谷底部地形较平缓,地形坡度一般 5°~8°;北引桥、北锚碇在北岸从一山脊跨越,地形相对较平缓,沿轴线方向地形坡角一般为 5°~15°,垂直轴线方向凹槽内地形坡角一般为 18°~30°,局部较平缓;南引桥、南塔及南锚碇位于长江南岸斜坡上,斜坡地形较陡,地形坡角一般为 28°~38°;轴线地面高程 315.40 ~ 142.47 ~ 274.12 m,相对高差约为 172.83 m。

（2）地层岩性

桥址区出露地层岩性主要为第四系填筑层（Q_4ml）块石土、第四系残坡积层（Q_4el+dl）粉质黏土、碎石土以及第四系冲洪积层（Q_4al+pl）粉土及卵石土,下伏基岩为侏罗系上统遂宁组（J_3s）及中统沙溪庙组（J_2s）砂岩、泥岩、砂质泥岩及泥质砂岩。据《公路桥涵地基与基础设计规范》（JTG 3363—2019）,将场地钻探深度内的基岩划分为强风化带和中风化带。强风化带内的泥岩岩质较软,强度低,遇水软化,抗风化能力弱,地表多风化呈碎屑状,其中风化带岩芯较完整,呈长柱状、短柱状、少许碎块状,岩质新鲜、完整,岩质较硬;强风化带粉砂岩岩质较软,强度低,遇水软化,抗风化能力弱,地表多风化呈碎屑状,其中风化带岩芯较完整,呈长柱状、短柱状、少许碎块状,岩质新鲜、完整,但岩质极软;强风化带砂岩岩质较软,强度低,遇水软化,抗风化能力弱,其中风化带岩质较硬,强度较高,抗风化能力较强。

（3）地质构造

桥址区位于洛碛向斜西翼,地层呈单斜产出,长江南岸岩层产状 98°∠17°,长江北岸岩层产状 110° ~ 118°∠37° ~ 46°。在长江两岸出露的基岩中分布测得两组裂隙。

长江南岸:①314°∠75°,裂隙面较平整、光滑,张开 5 ~ 15 mm,延伸 2 ~ 3 m,间距 3 ~ 5 m/条,少量泥质充填,结合较差,为硬性结构面;②205°∠78°,裂隙面较平整、光滑,张开 5 ~ 8 mm,延伸 1.5 ~ 2.5 m,间距 2 ~ 3 m/条,泥质充填,结合一般,为硬性结构面。

4.1.2　岩石物理力学特性

以室内、现场试验及岩体基本质量分级结果为依据,结合该工程地质代表性、风化程度、完整程度及含水状态等地质条件,并类比类似工程经验给出了该工程岩体力学参数的建议值,见表 4.1。

表 4.1　岩石物理力学参数建议值

岩石名称	参数	天然块体密度/(g·cm⁻³)	泊松比 μ		变形模量/GPa		抗拉强度/MPa	
砂质泥岩	试验值	2.53~2.72	0.22~0.39		1.19~2.48		0.31~3.31	
	建议值	2.50~2.60	0.35~0.38		1.0~1.5		0.05~0.10	
	参数	岩体抗剪断强度		岩体抗剪强度	混凝土/岩体抗剪断强度		混凝土/岩体抗剪强度	
		f'	c'/MPa	f	f'	c'/MPa	f	
	试验值	0.84~0.91	0.29~0.32	0.52~0.59	1.04~1.06	0.34~0.37	0.63~0.64	
	建议值	0.65~0.70	0.20~0.25	0.40~0.50	0.65~0.75	0.25~0.30	0.40~0.50	
软弱夹层	参数	软弱夹层抗剪断强度		软弱夹层抗剪强度	—	—	—	
		f'	c'/MPa	f				
	试验值	0.50~0.60	0.08~0.23	0.44	—	—	—	
	建议值	0.40~0.45	0.05~0.10	0.30~0.35	—	—	—	

4.1.3　软弱结构面分析

在软岩上修建隧道式锚碇除可能出现锚碇的承载能力、变形稳定及长期变形稳定等问题外,该长江大桥南岸隧道式锚碇所在部位岩体还存在以下独特问题:锚碇倾角为 40°,而岩层倾角在 17° 左右,锚碇的拉力方向与层面之间的夹角较小,如图 4.2 所示;同时在岩层中存在泥岩软弱夹层,软弱夹层相比泥岩力学强度更弱,上述问题都不利于隧道式锚碇的稳定。

模型锚位置位于实桥锚正上方 26 m 地表附近,与实桥锚所处相同的地层,主要为侏罗系中统上沙溪庙组(J_2s)砂质泥岩,中风化,岩芯较完整,呈短柱状,节长 5~30 cm。为探明缩尺模型锚所处地层的地质条件,在模型锚洞开挖时对模型锚洞洞壁进行地质描述,如图 4.3 所示。

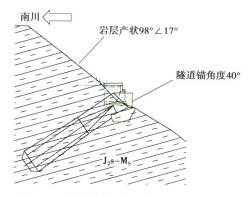

图 4.2　隧道式锚碇角度与岩层产状关系

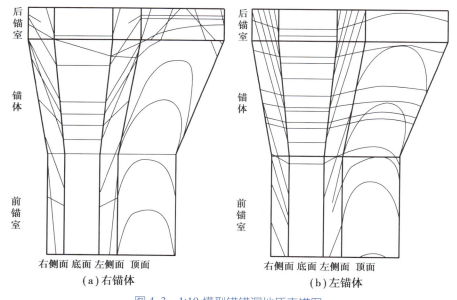

图 4.3　1:10 模型锚锚洞地质素描图

　　在模型锚锚洞里面,共测得结构面 31 条,如图 4.3 所示。对结构面进行分组统计分析,画出结构面倾向和倾角玫瑰图,结果如图 4.4 所示。

　　依据图 4.4,对该地层的结构面进行分组,岩层中主要发育有 3 组优势结构面,各组结构面的产状及其倾向、倾角的变化范围见表 4.2。

　　由表 4.2 可知,第 1 组结构面倾向变化在 94°～110°;第 2 组结构面倾向变化在 254°～258°;第 3 组结构面倾向变化在 301°～303°。第 1 组优势结构面倾角较

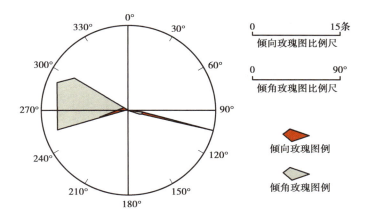

图 4.4　锚洞内部结构面倾向和倾角玫瑰图

缓,为与岩层层面接近,倾角变化在 11°~20°;第 2 和 3 组优势结构面倾角较陡,倾角变化范围较大,为 54°~86°。

表 4.2　锚洞岩层中优势结构面产状

结构面组号		优势产状/(°)	倾向变化范围/(°)	倾角变化范围/(°)
J1	第 1 组	103∠15	94~110	11~20
J2	第 2 组	257∠76	254~258	58~86
J3	第 3 组	302∠65	301~302	54~83
C	坡　　面	298∠36	—	—
P	锚受力方向	118∠40	—	—

　　对 3 组优势结构面、坡面和锚受力方向之间的产状关系进行分析,如图 4.5 所示,分析可得 J1(产状 103°∠15°)走向与隧道式锚碇受力方向(产状 118°∠40°)走向近似,倾角夹角较小,易发生滑动破坏。

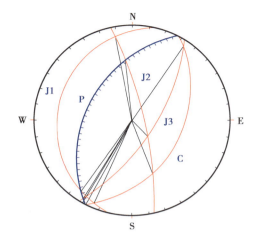

组合交棱线	倾向/(°)	倾角/(°)
P−J1	35	6
P−J2	174	25
P−J3	31	2
P−C	28	0
J1−J2	69	6
J1−J3	30	4
J1−C	24	3
J2−J3	316	64
J2−C	339	29
J3−C	214	4

图 4.5　岩体结构面与模型锚受力方向赤平投影图

4.2　下卧软弱结构面的软岩隧道式锚碇模型试验设计

4.2.1　模型锚位置选择与制作

1)模型锚的位置

初勘钻孔和详勘钻孔资料显示,模型锚试验区在孔口以下 3 m 范围的泥岩为中等风化程度,其完整性与实桥锚部位基本一致。同时,利用后续埋设模型锚多点位移计和测斜的地质钻孔,取样做了岩石室内试验和进行钻孔岩芯编录。与初勘钻孔及详勘钻孔资料对比后发现,实桥锚址区岩体(高程为 225 ~ 300 m)及模型锚试验区岩体(高程为 285 ~ 300 m)为紫红色的砂质泥岩,靠近孔口地表段风化严重,岩体沉积纹理明显,岩体各段都随机分布灰绿色砂质泥岩,岩体结构整体较完整,局部有结构裂隙,局部裂隙有黄色水蚀痕迹。锚址区及模型锚试验区均含有倾角约为 17°的软弱夹层。此外,由于越靠近地表,砂质泥岩风化越严重,因此模型锚试验区域的岩体性状要略差于实桥锚锚址区的岩体性状,这对试验结果来说是偏于安全的。

2) 模型锚的尺寸

根据弹性力学的相似原理(见第 2 章),模型与原型采用相同的材料制作,模型几何尺寸按原型结构尺寸的 1/10 进行缩小。

模型隧道式锚碇锚碇体形态为前小后大的楔形,横断面顶部采用圆弧形,侧壁和底部采用直线形,前锚面尺寸为 1.2 m×1.2 m,顶部圆弧半径为 0.6 m。后锚面尺寸为 1.8 m×1.9 m,顶部圆弧半径为 0.9 m。试验设计荷载单锚拉拔力为 2 073.3 kN。前锚室形状与前锚面一致,长度为 3.5 m;锚塞体长度为 4.0 m,后锚室与后锚面形状一致,长度为 0.6 m。模型锚洞位置应满足边界条件要求,即最大埋深为 6.2 m,最小埋深为 3.9 m,两个模型锚洞轴线之间的距离为 3.4 m。方向与实桥锚一致为走向 298°,倾角为 40°。模型锚结构形态及尺寸如图 4.6 和图 4.7 所示。

3) 模型洞开挖

在选定部位开挖制作试验平台,确保满足锚洞埋深的要求,横向长度约 13 m,顶部纵向宽度约 6.5 m。为了防止暴雨期间雨水倒灌,在顶部试验平台开挖排水沟。为尽量减少对岩体的扰动,采用人工风镐开挖方式。模型锚室洞壁起伏差控制在 2 cm 内,轴线及扩散角偏差控制在 0.5°内。为了防止围岩暴露后风化,每进尺 2 m 后及时用薄层砂浆封闭,封闭前用清水对洞壁进行清洗,并拍照和描述。

4) 模型锚内反力板制作

锚洞开挖完成后,在后锚室安装 20 只千斤顶,为了使千斤顶出力均匀传递至锚塞体上,千斤顶前后端浇筑钢筋混凝土反力板,后端反力板厚度为 50 cm,前端反力板厚度为 10 cm,混凝土强度等级 C40。采用 ϕ10 mm 螺纹钢,间距 25

~30 cm。

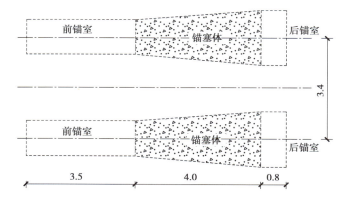

图4.6　1:10 模型锚平面尺寸图(单位：m)

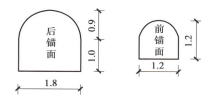

图4.7　1:10 模型锚断面尺寸图(单位：m)

5)模型锚塞体制作

模型锚体钢筋采用 $\phi10$ mm 螺纹钢,单锚轴向钢筋 23 根,环向钢筋 23 根,钢筋的制作与安装在锚洞内进行。锚塞体采用 C40 商品混凝土,人工持振捣泵从底端逐渐振捣至外端。浇制混凝土前,安装所有内观传感器及预埋直径为 76 mm 的 PVC 管。

6)加载方式选取

后推法是将千斤顶布置在锚塞体后端,借助锚塞体后部岩体提供的反力,推动锚塞体向外端产生变形至破坏。千斤顶的安装如图4.8所示。根据设计要求,标准组合下,单锚主缆拉力 2.07×10^5 kN,则双锚缩尺模型设计拉力(1P)为:414 644/100 = 4 146 kN。为了使缩尺模型锚达到极限破坏,双锚用 20 台 3 000 kN 的千斤顶并联出力,试验时可以施加的最大荷载为设计荷载的 14.5

倍。采用特殊制造的双作用千斤顶,其外形尺寸为 $\phi 380 \times 380$ mm,油缸直径 330 mm,最大行程 200 mm,最大工作压力 35 MPa,最大出力 3 000 kN。

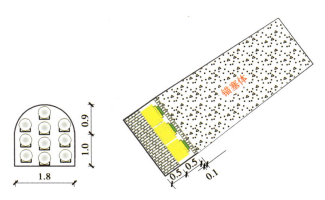

图 4.8　后锚室千斤顶和反力后座安装示意图(单位: m)

4.2.2　监测仪器布置

1)地表(表面)变形观测

地表变形通过布设光栅式位移传感器进行观测,精度为微米级,测点布置如图 4.9 所示。在锚塞体前锚面(S2、S4)、锚塞体铅直方向(S16)、拉力方向前端岩体(S1、S3、S5)和铅直方向地表岩体(S6 ~ S15)共布置了 16 只光栅式位移传感器。其中沿拉力方向共布置了 5 只光栅式位移传感器,沿铅直方向共布置了 11 只光栅式位移传感器。

2)模型锚周围岩体变形观测

在模型锚沿拉力方向共布置 2 个钻孔,铅直方向地表上也布置 2 个钻孔,钻孔直径为 90 mm,共布置了 14 支多点位移计。沿拉力方向和铅直方向的多点位移计布置示意图如图 4.10 和图 4.11 所示。

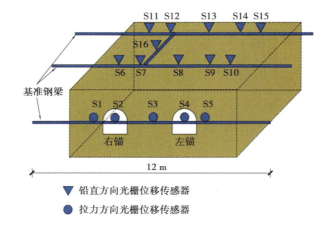

图4.9　光栅位移传感器测点布置示意图

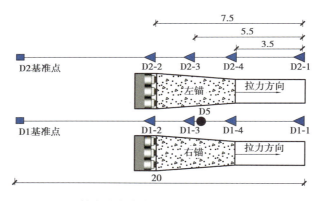

图4.10　沿拉力方向多点位移计布置示意图(单位: m)

3) 锚塞体与围岩接触面位错

在每个锚塞体与围岩接触面上选定 2 个截面,每个截面上布置 2 ~ 3 只位错计,共计 10 只位错计,用于监测锚塞体与围岩的相对变形。位错计测点布置及编号如图 4.12 所示。

4) 钻孔测斜

在模型锚铅直方向地表上布置 1 个钻孔(D5),钻孔直径为 110 mm,用测斜仪监测围岩在模型锚承受拉拔荷载状态下的变形量,测斜钻孔布置和测斜场景如图 4.12 所示。试验中测斜仪采用 CX-3C,该仪器能自动记录测次、深度及变

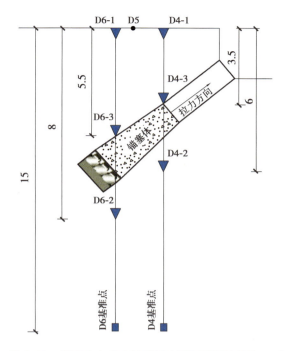

图 4.11　铅直方向多点位移计布置示意图(单位：m)

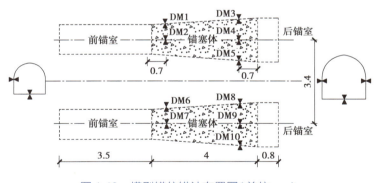

图 4.12　模型锚位错计布置图(单位：m)

形等参数,测试间距为 50 cm,对 D5 钻孔,如图 4.13 所示,进行了测试。对每一次荷载试验都进行测斜,测量时机选取在首次加载试验前(基准值)和每次荷载试验施加到不同级别荷载后进行,通过与基准值对比即可得到不同级别荷载下不同孔深的岩体变形情况。

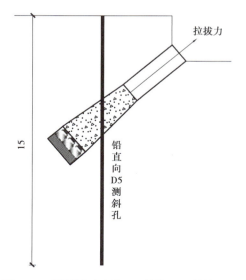

图 4.13　测斜钻孔布置及测斜场景(单位：m)

5)锚塞体与围岩接触面压力盒

在每个锚塞体与围岩接触面上布置压力盒,测量锚塞体与围岩之间相互作用的压力,经计算后可转换为应力。锚塞体前后各测 1 个截面,每个截面上布置 6 只压力盒,共计 12 只压力盒。压力盒测点布置及编号如图 4.14 所示。

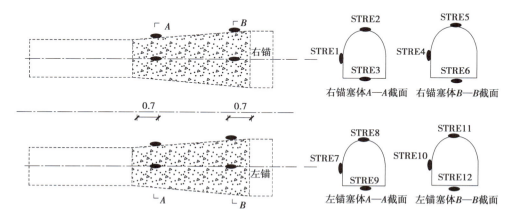

图 4.14　锚塞体与围岩接触面压力盒测点布置及编号(单位：m)

6)锚塞体应力应变

在每个锚塞体内部各布置 1 条测线,每条测线上布置轴向应变计各 2 支,在模型锚承受拉拔荷载过程中测试锚塞体的应变情况。应变计测点布置及编号如图 4.15 所示。

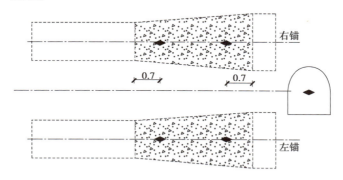

图 4.15　锚塞体应变计测点布置及编号(单位: m)

4.2.3　试验系统与加载方案

1)加载系统

加载系统采用长江水利委员会长江科学院与济南赛思特流体系统设备有限公司联合研发的气液式加载系统。该设备采用微机伺服控制与数据采集,具有施加荷载量大,压力伺服控制精度高且稳定,控制方便等特点。20 台千斤顶采用油路多通并联,通过高压油路开关任意平滑转换,整个加卸载过程通过压力传感器和采集系统自动采集全过程。

2)测量系统

变形测量分为地表(表面)岩体变形和深部围岩变形。地表变形采用光栅位移传感器,最大量程为 15 mm,分辨率为±1 μm,由采集仪与计算机连接进行实时采集。地表变形测量元件通过磁性表架固定在长度为 12 m 的基准钢梁上。基准钢梁采用厚壁圆形空心钢管,基准钢梁力学模型为两端铰接的简支梁,横跨 12 m。同时为了减小温度对试验结果的影响,在现场搭建密封试验室,在钢梁中通循环恒温水,在钢梁外侧使用棉絮缠裹,同时使用空调保温,实时监测室内温度。

深部围岩变形测量采用北京基康公司生产的振弦式传感器,该传感器量程为 50 mm,分辨率为 0.1FS/%,由 1 台数据采集仪和 1 台计算机进行数据采集。应变计、位错计和压力盒采用振弦式传感器。

3)加载方案

(1)载荷试验加载方案

采用分级加(卸)荷单循环方法进行,从零开始加载,分级施加,即按 $0.5P$、$1.75P$、$3.5P$、$4P$、$4.5P$⋯破坏。对 $0.5P$、$1.75P$ 和 $3.5P$ 荷载试验,每一级加载分 5 步进行,施加到相应压力后,按同样步数逐次卸荷至 0 kN。采用自动伺服系统加载,所有数据自动采集,每一步连续加载 5~10 min,深部变形监测传感器自动循环采集,采样间隔为 10 min,表面变形监测传感器采样间隔为 1 min。采用相对变形稳定标准,以拉力方向的前后锚面测点的变形作为识别对象,每步稳定时间不少于 30 min,并在每 10 min 时对选定测点变形进行判别,达到变形稳定标准后加(卸)下一级荷载。每级试验完成后休止 24 h 后再进行下一级试验。

(2)蠕变试验加载方案

在完成 $0.5P$、$1.75P$、$3.5P$ 三级载荷试验休止 24 h 后,分别进行对应荷载的蠕变试验,监测锚塞体及周围岩体的蠕变变形,研究岩体的时效变形。蠕变试验时,采样间隔为 10 min,加载历时不少于 5 d,变形基本稳定在 ±3 μm 后终止。

(3)极限破坏试验加载方案

在完成常规荷载试验和蠕变试验后,按 $0.5P$、$1.75P$、$3.5P$、$4P$、$4.5P$⋯方式划分荷载步,施加到模型锚破坏压力或千斤顶最大出力后,缓慢匀速卸荷至 0 kN。

<table>
<tr><td style="background:#3a5a9a;color:#fff;font-size:2em;">4.3</td><td style="font-size:1.5em;font-weight:bold;">下卧结构面对隧道式锚碇围岩变形的影响分析</td></tr>
</table>

4.3　下卧结构面对隧道式锚碇围岩变形的影响分析

　　模型锚载荷试验进行了加载破坏试验和破坏后重复加载试验。为了在加载破坏试验中间穿插 $0.5P$、$1.75P$ 和 $3.5P$ 蠕变试验,将破坏试验分多级逐步进行。首先进行了 $0.5P$、$1.75P$ 和 $3.5P$ 大循环荷载试验,在完成模型锚 $0.5P$、$1.75P$ 和 $3.5P$ 大循环荷载试验和对应的蠕变试验后,破坏试验按计划加载至破坏或加载至设备最大出力为止,实际荷载加载到 $5.4P$ 后,地表裂隙最大达到 3 cm 宽,变形量大,压力随着变形的增大而下降,无法继续加载。破坏试验完成后,进行了模型锚破坏后重复加载试验,实际试验加载到 $4.4P$ 后,压力稳定不再升高,变形持续增大,地表裂隙持续扩张。荷载加-卸载历时曲线如图 4.16 所示。

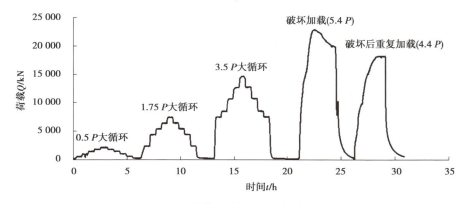

图 4.16　载荷试验加-卸载全过程曲线

1) 地表围岩变形分析

　　模型锚荷载试验和破坏试验各阶段代表性测点的变形–时间–荷载曲线如图 4.17 所示。分析图 4.17 可知,模型锚地表各测点随荷载和时间变化的曲线的趋势在总体上较为一致。另外,由于隧道式锚碇为对称式结构,模型锚周边地质环境也无太大差异,选取单个锚塞体地表测点的试验数据进行研究。由于锚塞体铅直方向的变形只设置了一个测点(S16),位于左锚塞体上,锚塞体的变形以左锚塞体为研究对象。

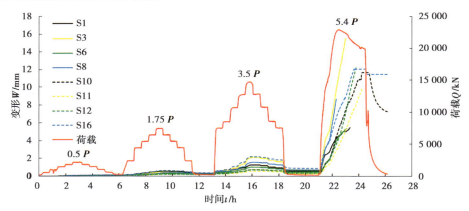

图 4.17　模型锚荷载、破坏试验典型测点全过程曲线

荷载试验($0.5P$、$1.75P$ 和 $3.5P$)时模型锚地表测点的变形-时间-荷载关系如图 4.18—图 4.20 所示,部分图中只列图例而没有试验曲线是因为数据测量异常[如图 4.18(b)中 S3],传感器失灵、损坏等现象在野外试验过程中是不可避免的,但整体不影响试验结果的分析。

由图 4.18—图 4.20 可知,荷载试验时,不论是所施加的荷载低于($0.5P$)设计荷载,还是高于($1.75P$ 和 $3.5P$)设计荷载,模型锚各测点的变形都相对较小(变形都为 mm 级),例如 $0.5P$ 荷载作用时,测点 S2 的最大变形约为 0.13 mm,测点 S3 的最大变形约为 0.05 mm,测点 S8 的最大变形约为 0.04 mm,测点 S13 的最大变形约为 0.05 mm;$1.75P$ 荷载作用时,测点 S2 的最大变形约为 0.94 mm,测点 S3 的最大变形约为 0.45 mm,测点 S8 的最大变形约为 0.33 mm,测点 S13 的最大变形约为 0.18 mm;$3.5P$ 荷载作用时,测点 S2 的最大变形约为 2.82 mm,测点 S3 的最大变形约为 1.86 mm,测点 S8 的最大变形约为 1.22 mm,测点 S13 的最大变形约为 0.52 mm。关于锚碇体变形的容许值,在《公路悬索桥设计规范》(JTG/T D65-05—2015)中有明确规定,水平变形不能大于 0.000 1 倍的主跨跨径,竖向变形不能大于 0.000 2 倍的主跨跨径。依托工程大桥主跨 808 m,按 1:10 的缩尺比例,则模型锚碇的最大水平变形不能超过 8.08 mm,最大竖向变形不能超过 16.16 mm。上述所列举的各测点,包含图中各测点的变形均在规范所规定的允许变形范围之内,由此可初步断定,该类型的浅埋软岩隧道式锚碇,在设计荷载工作状态下,可以满足规范规定的变形要求,并且仍留有较大的安全空间。

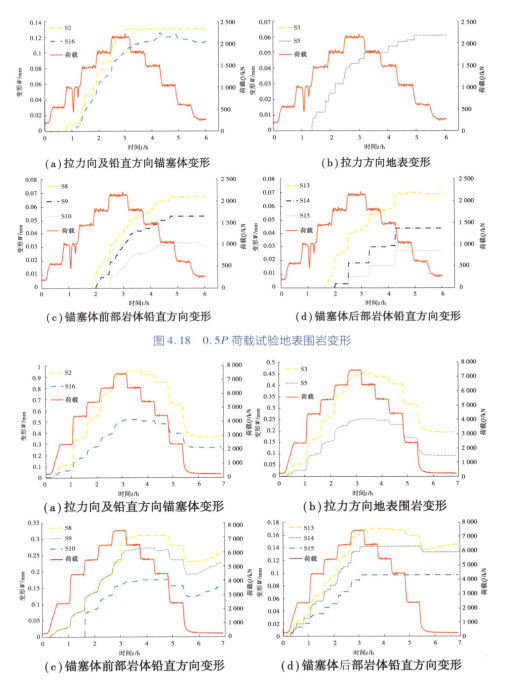

（a）拉力向及铅直方向锚塞体变形　　　　　（b）拉力方向地表变形

（c）锚塞体前部岩体铅直方向变形　　　　　（d）锚塞体后部岩体铅直方向变形

图 4.18　0.5P 荷载试验地表围岩变形

（a）拉力向及铅直方向锚塞体变形　　　　　（b）拉力方向地表围岩变形

（c）锚塞体前部岩体铅直方向变形　　　　　（d）锚塞体后部岩体铅直方向变形

图 4.19　1.75P 荷载试验地表围岩变形

从图 4.19 中可以发现,有部分测点的变形会随着荷载的卸除而发生变形回弹,例如测点 S2、S3、S5、S16 等。从图 4.20 中可以发现,除个别测点(S2 和 S9)外,其余测点在荷载卸除后均发生了不同程度的变形回弹。由此可断定,当施加的荷载高于设计荷载(最高 3.5P)时,该类型的隧道式锚碇系统仍然有较多的部位处于弹性工作状态,未进入完全塑性。在荷载为 0.5P 时大部分测点没有发生回弹,以及 1.75P 和 3.5P 部分测点未发生变形回弹,这有可能是围岩受力导致岩体之间的裂隙等被压缩所致,同时也不排除仪器户外工作的准确度有偏差的原因。但总体来看,3.5P 荷载时大部分测点在荷载卸除后发生了变形回弹,更有可能的原因是前者。

由图 4.18—图 4.20 还可知,虽然模型锚所承受的荷载不相同,但是模型锚各部位的测点的变形基本具有相同的规律性。通过对比可以发现,锚塞体在前锚面在拉力方向的变形要大于锚塞体在铅直方向的变形(S2>S16),例如当荷载为 1.75P 时,测点 S2 的最大变形约为 0.92 mm,测点 S16 的最大变形约为 0.49 mm;模型锚的地表变形不论是在拉力方向还是铅直方向,都是锚间地表岩体变形大于锚侧地表岩体变形。例如 3.5P 荷载时,拉力方向锚间岩体测点 S3 的最大变形约为 1.86 mm,大于拉力方向锚侧岩体测点 S5 的最大变形为 0.93 mm,锚塞体前部铅直方向锚间岩体测点 S8 的最大变形约为 1.22 mm,大于锚塞体前部铅直方向锚侧岩体测点 S10 的最大变形为 0.54 mm,锚塞体后部铅直方向锚间岩体测点 S13 最大变形约为 0.52 mm,大于锚塞体后部铅直方向锚侧岩体测点 S15 的最大变形为 0.30 mm。

待荷载试验完成之后,整个试验系统休止 24 h 后进行荷载破坏试验,荷载从 0 开始加载直至破坏。试验发现,当荷载增加到大约 5.4P 时,整个模型锚碇系统彻底破坏,地表产生大量贯穿裂隙,荷载无法持续施加,部分测点传感器被拉坏,绝大多数地表测点的变形呈非线性迅速增长。模型锚破坏试验地表代表性测点的变形-时间-荷载的关系曲线如图 4.21 所示。

由于荷载试验和破坏试验每次开始之前,监测仪器会将统计的变形清零,重新记录试验情况。因此,将每一级荷载与之前的荷载作用下的模型锚测点的变形值进行累加,则可得到在该级荷载作用下模型锚的累积变形值。不同级别荷载作用下模型锚地表岩体测点的累积变形曲线如图 4.22 所示(5.4P 时 S4 测点数据由于传感器异常,未收集到数据)。

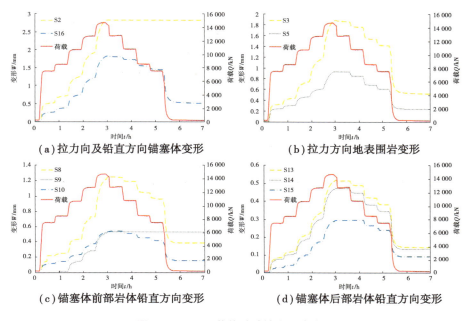

（a）拉力向及铅直方向锚塞体变形　　　（b）拉力方向地表围岩变形

（c）锚塞体前部岩体铅直方向变形　　　（d）锚塞体后部岩体铅直方向变形

图 4.20　3.5P 荷载试验地表围岩变形

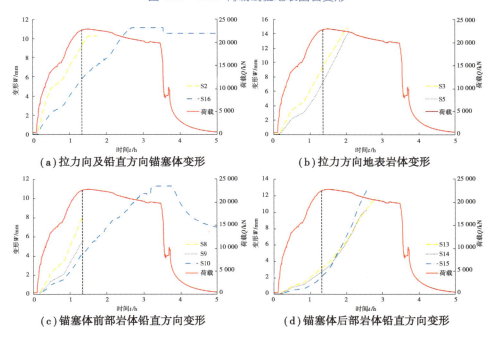

（a）拉力向及铅直方向锚塞体变形　　　（b）拉力方向地表岩体变形

（c）锚塞体前部岩体铅直方向变形　　　（d）锚塞体后部岩体铅直方向变形

图 4.21　模型锚破坏试验地表变形

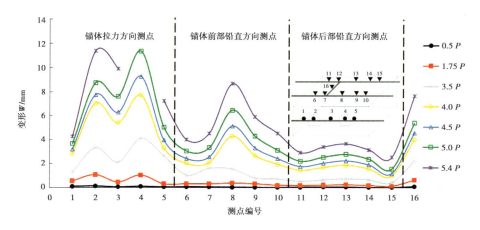

图 4.22　不同级别荷载作用下模型锚地表累积变形曲线

由图 4.22 可知,对于含软弱面浅埋软岩隧道式锚碇,在拉力方向,模型锚两个锚塞体正前方(S2 和 S4)的变形较锚间岩体(S3)和锚体两侧的岩体(S1 和 S5)变形大,同时,锚间岩体在拉力方向的变形也大于锚体两侧的岩体的变形,例如当拉拔荷载为 4P 时,S2(7.02 mm)和 S4(7.69 mm)>S3(5.39 mm)>S1(2.83 mm)和 S5(3.30 mm)。由图 4.21 还可知,拉力方向的地表围岩变形曲线近似呈现出 M 形。这是由于 S2 和 S4 测点位于锚塞体前锚面,由于锚塞体为钢筋混凝土结构,其变形模量远高于砂质泥岩,因此,相对于围岩,锚塞体可近似视为刚体。在荷载作用下,锚塞体几乎不会产生压缩变形,因而测点 S2 和 S4 所测得的变形值最大。而对于锚间岩体测点 S3 和锚侧岩体测点 S1 和 S5,由于砂质泥岩为软岩,在承受锚塞体传递过来的荷载时,必然会产生一定的压缩变形,从而使其变形值小于测点 S2 和 S4。测点 S3 位于锚间岩体,同时受到两个锚塞体传递过来的荷载作用,而测点 S1 和 S5 位于锚侧岩体,其一边承受锚塞体的作用使其变形移动,另一边是固定的山体围岩,限制其移动,因而导致 S3 的变形要大于 S1 和 S5 的变形。

对于模型锚前部的铅直方向地表岩体变形,其锚间岩体(S8)的变形最大,其次是两个锚塞体上部的岩体(S7 和 S9),变形相对最小的为锚塞体两侧的岩体(S5 和 S10)。例如,当拉拔荷载为 5.4P 时,S8(8.65 mm)>S7(4.51 mm)和

S9(5.89 mm)>S6(3.98 mm)和 S10(4.50 mm)。由图 4.22 可知,模型锚前部铅直方向的地表变形,以锚间岩体为对称中心,具有较好的对称性,地表岩体变形曲线近似呈现出倒 V 形。其原因与拉力方向测点一样,越靠近锚间岩体,越容易受到两个锚塞体共同传递的荷载的影响,越靠近锚侧岩体,越容易受到单个锚塞体荷载影响,从而使得越靠近隧道式锚碇(两个锚塞体)中线,岩体变形越大。

对于模型锚后部的铅直方向地表岩体变形,其变形规律与模型锚前部的铅直方向地表变形类似,在此不再赘述,但是其变形值比模型锚前部的铅直方向地表岩体变形值要小得多,与 S16 测点对比易发现,隧道式锚碇地表岩体铅直方向变形从锚塞体前端至后端逐渐减小,这应该与锚塞体前部的埋深比后部的埋深要小有关。

总体上看,对于含有含软弱面浅埋泥岩隧道式锚碇,其在锚塞体前锚面处拉力方向的地表岩体变形最大,其次为锚塞体前部铅直方向地表岩体变形,最小的为锚塞体后部铅直方向地表岩体变形。

观察图 4.22 还可知,不同级别荷载作用下模型锚地表岩体测点的变形曲线具有较强的规律性,各测点在不同荷载作用下的变形规律类似,遂在锚塞体前锚面(S3)、前部(S8)和后部(S13)各选取一个代表性测点进行分析,如图 4.23 所示。

由图 4.23 可知,模型锚地表岩体的荷载变形曲线可近似地分为弹性工作阶段和塑性屈服工作阶段。约在 3.5P 拉拔荷载前,模型锚地表岩体的变形随荷载的增加而近似呈线性增加。而当拉拔荷载高于 3.5P 之后,荷载-变形曲线斜率减小,变形随荷载增加的变化率迅速增加,体现出一定的塑性屈服特点。例如地表测点 S3,当拉拔荷载为 3.5P 时,总变形量为 2.08 mm,易得拉拔荷载从 0 增长至 3.5P 时的平均变形速率为 0.594 3mm/P;而当拉拔荷载从 3.5P 增长至 5.4P 时,岩体总变形量增加至了 9.88 mm,此阶段的平均变形速率为 4.105 3 mm/P,较 3.5P 之前的情况,地表岩体的平均变形速率增长了 590.78%。

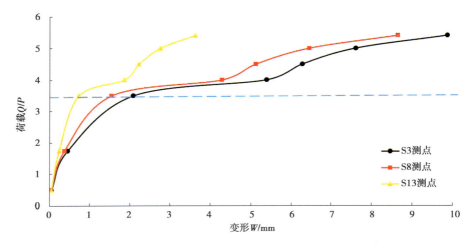

图 4.23　模型锚荷载、破坏试验代表性测点荷载−变形曲线

综上分析可知,在拉拔荷载小于 3.5P 时,模型锚处于线弹性工作阶段,而当拉拔荷载高于 3.5P 时,模型锚的周围岩体开始进入塑性屈服工作阶段。由此可知,对于含软弱面浅埋泥岩隧道式锚碇,在一定的拉拔荷载作用下,仍可处于线弹性工作阶段,是具有一定承载能力的。

2)深部围岩变形分析

模型锚深部围岩体测点变形由多点位移计(振弦式)进行监测,地表变形由光栅式传感器进行监测。由于光栅式传感器精度高,在变形量不大的情况下光栅式传感器可以精确地测出围岩变形,而振弦式传感器精度差很多,因而振弦式传感器在地表测点(D1-1,D2-1,D4-1 和 D6-1)的监测值必然会与光栅式传感器所测得的地表变形有所差异。同时,振弦式传感器所测得的变形并不一定是准确值,但并不影响利用多点位移计(振弦式)所测的数据进行模型锚内部岩体变形的规律性研究。

荷载试验(0.5P、1.75P 和 3.5P)时模型锚深部围岩测点的变形−时间−荷载关系图如图 4.24—图 4.26 所示。其中 D2-2 和 D6-2 由于传感器异常未统计到数据。

由于振弦式传感器的测量精度相对较低,因而,在荷载较低、隧道式锚碇的围岩变形较小时,所测得的数据受误差影响较大。由图 4.24 也容易发现,当荷载为 0.5P 时,隧道式锚碇的围岩变形很小,拉力方向的变形均在 0.1 mm 之内,铅直方向的变形则更小,均在 0.05 mm 之内。虽然所测得的数据精确度不高,但是从图 4.24 中,还是可以发现,隧道式锚碇在受荷载作用时,锚塞体拉力方向的深部岩体的变形总体上是要大于锚塞体铅直方向深部岩体的变形。另外,在荷载卸除后,岩体变形都发生了明显的回弹。由于 0.5P 荷载作用时隧道式锚碇围岩本身的变形值都比较小,因此图 4.24 中显示的围岩具有一定的残余变形,也有可能跟测量误差有关。

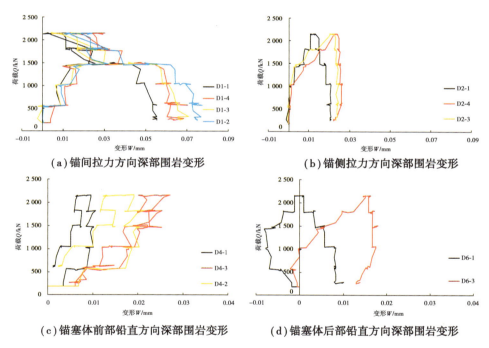

(a)锚间拉力方向深部围岩变形

(b)锚侧拉力方向深部围岩变形

(c)锚塞体前部铅直方向深部围岩变形

(d)锚塞体后部铅直方向深部围岩变形

图 4.24　0.5P 模型锚荷载试验深部围岩变形

根据图 4.25 和图 4.26 可知,当模型锚所承受的荷载较大(1.75P 和 3.5P)时,模型锚周边深部岩体的变形具有明显的规律性。在拉力方向,总体上,在相对位置一致的情况下,模型锚锚间深部岩体的变形要大于模型锚锚侧深部岩体的变形,这一点,与模型锚地表围岩变形的规律是一致的。例如当荷载为 1.75P

时,拉力方向锚塞体中部的锚间深部岩体 D1-3 的最大变形值约为 0.89 mm,大于拉力方向锚塞体中部的锚侧深部岩体 D2-3 的最大变形值 0.59 mm;当荷载为 3.5P 时,拉力方向锚塞体前部的锚间深部岩体 D1-4 的最大变形值约为 5.60 mm,大于拉力方向锚塞体前部的锚侧深部岩体 D2-4 的最大变形值为 3.57 mm。在铅直方向,总体上,在相对位置一致的情况下,模型锚前部深部岩体的变形要大于模型锚后部深部岩体的变形。例如,当施加到模型锚上的荷载为 1.75P 时,铅直方向锚塞体前部上方附近的深部岩体 D4-3 的最大变形值约为 0.28 mm,大于铅直方向锚塞体后部的上方附近的深部岩体 D6-3 的最大变形值 0.26 mm;当施加到模型锚上的荷载为 3.5P 时,铅直方向锚塞体前部上方附近的深部岩体 D4-3 的最大变形值约为 1.80 mm,大于铅直方向锚塞体前部上方附近的深部岩体 D6-3 的最大变形值 1.41 mm。另外,通过对比锚塞体深部岩体拉力方向和铅直方向的变形可以发现,拉力方向深部围岩的变形要大于铅直方向深部围岩的变形。随着作用在锚塞体上的荷载的增加,锚塞体周围深部岩体的变形也在增长,整体上呈现出沿着拉力方向,斜向上拔出的趋势,这也符合浅埋隧道式锚碇变形的特点。在逐渐卸除施加在模型锚上的荷载后,与地表围岩变形一样,锚塞体深部围岩变形也同样出现较大程度的变形回弹。可见,在高于设计荷载(1P)的情况下(1.75P 和 3.5P),该类型的隧道式锚碇仍有一定的安全空间,未完全进入塑性破坏。

破坏试验后,将荷载试验和破坏试验后各测点的变形进行累积,选取代表性的 0.5P、1.75P、3.5P、4P 荷载时模型锚深部围岩荷载-变形曲线进行分析(破坏试验后部分位移传感器由于围岩变形过大导致超出传感器量程而被拉坏或者测试数据出现明显异常),结果如图 4.27 所示。

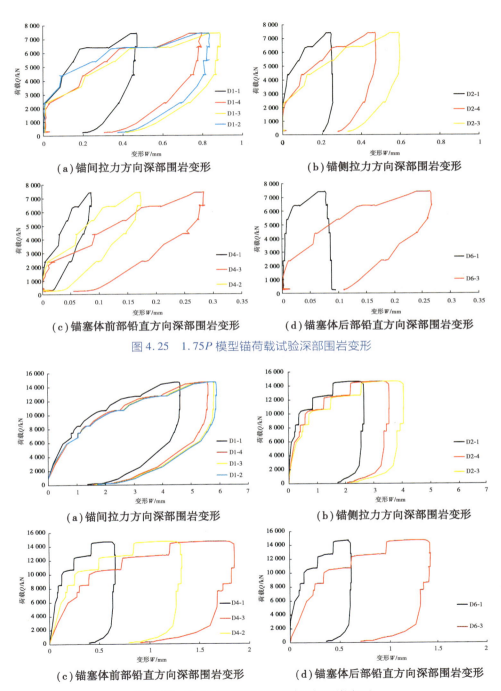

（a）锚间拉力方向深部围岩变形　　　　　（b）锚侧拉力方向深部围岩变形

（c）锚塞体前部铅直方向深部围岩变形　　（d）锚塞体后部铅直方向深部围岩变形

图 4.25　1.75P 模型锚荷载试验深部围岩变形

（a）锚间拉力方向深部围岩变形　　　　　（b）锚侧拉力方向深部围岩变形

（c）锚塞体前部铅直方向深部围岩变形　　（d）锚塞体后部铅直方向深部围岩变形

图 4.26　3.5P 模型锚荷载试验深部围岩变形

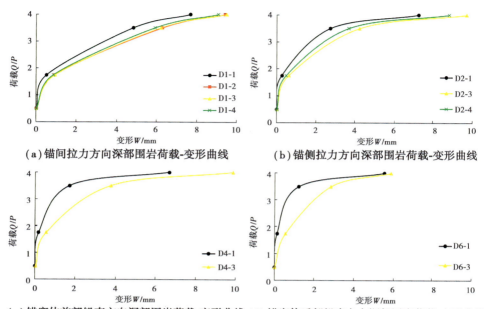

（a）锚间拉力方向深部围岩荷载-变形曲线　　（b）锚侧拉力方向深部围岩荷载-变形曲线

（c）锚塞体前部铅直方向深部围岩荷载-变形曲线 （d）锚塞体后部铅直方向深部围岩荷载-变形曲线

图 4.27　模型锚荷载、破坏试验累积深部围岩荷载-变形曲线

由图 4.27 可知，对于模型锚深部围岩的受力变形情况，不论是拉力方向还是铅直方向，都可近似地划分为线弹性工作阶段和塑性屈服工作阶段。这一特点与地表围岩代表性测点的荷载-变形曲线基本一致，从一定程度上可以印证含软弱面浅埋软岩隧道式锚碇具有一定的承载能力。

由图 4.27（a）可知，在拉拔荷载不断增加的过程中，模型锚锚间岩体的累积变形量基本相当，特别是测点 D1-2，D1-3 和 D1-4，几乎相差无几。由此可知，隧道式锚碇在承受拉拔荷载时，锚间岩体协同锚塞体一同呈现出沿拉力方向向外拔出的趋势。对比分析图 4.27（a）和（b）可知，相同拉拔荷载时，对于测试位置相当的测点，锚间岩体沿拉力方向的累积变形要大于锚侧岩体的累积变形。例如锚间岩体测点 D1-3 和锚侧岩体测点 D2-3，当拉拔荷载为 1.75P 时，测点 D1-3 的累积变形值为 0.95 mm，累积变形增长速率为 0.54 mm/P（以荷载为 0 时变形为 0 mm 为基准，下同），测点 D2-3 的累积变形值为 0.62 mm，累积变形增长速率为 0.35 mm/P；而当拉拔荷载达到破坏荷载 3.5P 时，测点 D1-3

的累积变形值为 6.22 mm,累积变形增长速率为 1.78 mm/P,测点 D2-3 的累积变形值为 4.22 mm,累积变形增长速率为 1.21 mm/P。由以上分析可知,对含软弱面浅埋软岩隧道式锚碇,拉力方向锚间岩体相对于拉力方向锚侧岩体,其受荷变形增长速率更大,累积变形对荷载也更为敏感。这一点在荷载试验时,各测点在各级别荷载作用下所表现出的规律一致。所以该类隧道式锚碇的拉力方向累积变形控制,相对于锚侧岩体,应以锚间岩体累积变形为主。

对比图 4.27(c)和(d)可知,对于含软弱面浅埋软岩隧道式锚碇,在承受荷载作用过程中,其锚塞体前端围岩的铅直方向的累积变形要大于锚塞体后部围岩的铅直方向的累积变形。这一点与地表变形测试的结果相似,也与荷载试验模型锚深部岩体的变形规律相似。例如锚塞体前端围岩测点 D4-3 和锚塞体后端围岩测点 D6-3,当拉拔荷载为 3.5P 时,D4-3 的铅直方向累积变形为 1.89 mm,累积变形增长速率为 0.54 mm/P,D6-3 的铅直方向累积变形为 1.43 mm,累积变形增长速率为 0.41 mm/P,低于 D4-3。因此,对于含软弱面浅埋软岩隧道式锚碇,其铅直方向的围岩累积变形,锚塞体前端较后端对荷载增长更为敏感。所以该类隧道式锚碇的铅直方向累积变形控制,相对于锚塞体后部围岩,应以锚塞体前端围岩累积变形为主。

3) 围岩钻孔测斜变形分析

在模型锚锚间岩体安装了 D5 测斜孔,孔深约 15.17 m,深入锚塞体底面以下 8.5 m。分别进行了 0.5P、1.75P、3.5P、4P 和 4.5P 荷载的测斜试验,当作用在模型锚上的荷载达到 5P 时,模型锚围岩错动变形过大,测斜传感器被卡在测斜孔内无法拔出,导致之后的荷载增加时的测斜试验无法继续开展。当作用在模型锚上的荷载加载至目标值后,待所施加的荷载稳定 10 min 后即开始测斜试验。不同级别的荷载作用在模型锚上稳定后,所获得的钻孔测斜位移和孔深的关系曲线如图 4.28 所示。

由图 4.28 可知,当荷载为 0.5P 时,岩体最大变形量约为 0.23 mm;当荷载增至 1.75P 时,岩体最大变形量约为 0.66 mm;在 3.5P 荷载作用下,岩体最大变形量为 4.97 mm;在 4P 荷载作用下,岩体最大变形量约为 9.05 mm;在 4.5P 荷载作用下,岩体最大变形量约为 10.59 mm。在锚塞体底部 1.5 m 附近(孔深约 8 m)出现沿拉力方向的较大错动的变形,而此处正有软弱夹层所在。孔深 8 m 以下基本未发生错动变形,孔深 8 m 以上沿拉力方向的错动变形随孔深的减小而减小,这足以表明围岩的错动变形由锚体的变形传递而来,在锚体附近的围岩的错动变形较大,远离锚体的围岩的错动变形较小。由此可初步断定在巨大的荷载作用在模型锚上之后,含软弱面浅埋软岩(砂质泥岩)隧道式锚碇的下方破坏是锚塞体下方沿着软弱夹层滑动。

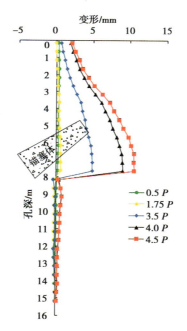

图4.28　不同级别荷载作用下钻孔测斜位移与孔深关系曲线

4)锚塞体与围岩错动变形分析

选取模型锚破坏试验后,随着荷载的增加,锚塞体与围岩错动的累积变形进行分析,不同级别荷载作用下锚塞体与围岩的错动变形曲线图如图 4.29 所示。

由图 4.29 可知,不同级别荷载作用下模型锚左、右锚塞体与围岩的错动变

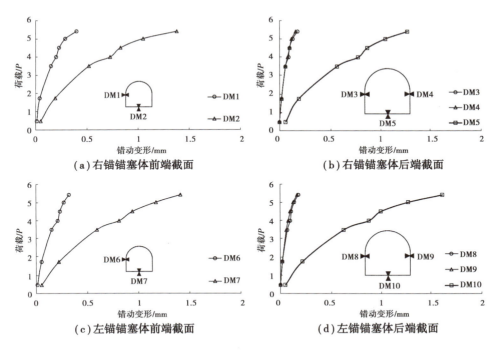

图 4.29　模型锚锚塞体与围岩错动变形

形规律基本一致,只选取模型锚右锚塞体的错动变形进行分析。由图 4.29(a)
和(b)可知,在各级荷载作用下,锚塞体与围岩的变形都较小,为 0 ~ 1.5 mm。
模型锚锚塞体底部与围岩的错动变形要大于锚塞体两侧与围岩的错动变形,例
如当作用荷载为 3.5P 时,锚塞体前端底部的测点 DM2 的错动变形约为 0.52
mm,大于锚塞体前端侧面的测点 DM1 的变形 0.15 mm;当作用荷载为 5.4P 时,
锚塞体后端底部的测点 DM5 的错动变形约为 1.27 mm,大于锚塞体后端两侧的
测点 DM3 的变形 0.18 mm 和 DM4 的变形 0.16 mm。此外,随着荷载的增加,即
使模型锚系统达到了破坏,模型锚的荷载-错动变形曲线基本上也呈现出线弹
性增长的趋势,并未有较为明显的非线性增长的表现。由此可见,在该类型的
隧道式锚碇发生破坏时,锚塞体并未有沿着锚-岩接触面发生滑动,而是带着其
周边岩体一起向外拔出。

4.4 锚塞体应变分析及锚塞体与围岩接触应力分析

1)锚塞体应变分析

模型锚锚塞体前部和后部各埋设了一只轴向应变计,共计 4 只。定义轴向压应变为"+",轴向拉应变为"−",则可得荷载试验和破坏试验时各监测点的应变值,结果如图 4.30 所示。

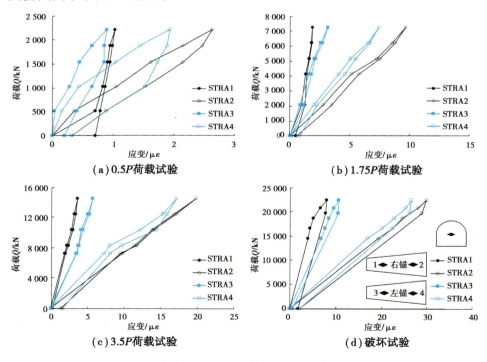

图 4.30 不同级别荷载作用下模型锚锚塞体荷载−应变曲线

由图 4.30 可知,在各级荷载作用下,锚塞体后端的应变值要高于前端的应变值。例如,当作用荷载为 1.75P 时,右锚塞体的后端(STRA2)应变为 9.66με,

大于右锚塞体的前端（STRA1）应变 $1.85\mu\varepsilon$；当作用荷载为 $5.4P$ 时，左锚塞体的后端（STRA4）应变为 $26.52\mu\varepsilon$，大于左锚塞体的前端（STRA3）应变 $10.65\mu\varepsilon$。此外，模型锚锚塞体在荷载作用下的应变值基本与荷载变化同步，未见应变滞后等现象，相同位置处的锚塞体在同一荷载作用下的应变值也相当。而且，不论是模型锚荷载试验还是模型锚破坏试验，在荷载卸除后，应变基本恢复完全，没有太多的残余应变，由此可以判定，模型锚的锚塞体自始至终都是处于线弹性工作状态的，模型锚破坏后，主要是周边岩体破坏，使得整个隧道式锚碇系统失效，锚塞体本身一般情况下是没有出现破坏的。隧道式锚碇锚塞体是由钢筋混凝土浇筑而成的，其自身的强度完全可以通过合理的设计和施工给予保证，因此，隧道式锚碇系统的承载特性等问题，还是应该将重点放在锚塞体周围岩体的承载特性以及锚-岩相互作用之上。

2）锚塞体与围岩接触应力分析

选取模型锚破坏试验后，随着荷载的增加，锚塞体与围岩的接触应力进行分析，不同级别荷载作用下锚塞体与围岩的接触应力关系如图 4.31 所示，图中损坏的压力盒用"×"标识。

由于压力盒损坏得较多，同时埋设工人的工艺有所差异，易使得左、右锚塞体的锚-岩接触应力分布的对称性和规律性都不是特别强。但根据图 4.31，对现有的试验数据分析可知，对于本次试验的模型锚，模型锚后端的锚-岩接触应力要高于同一个锚塞体前端的相应位置的锚-岩接触应力。例如，当作用在锚塞体上的荷载为 $5.4P$ 时，对于左锚塞体，后端截面底部（STRE6）的应力为 19.03 kPa，高于前端截面底部（STRE3）的应力 3.97 kPa；对于右锚塞体，后端截面顶部（STRE11）的应力为 15.33 kPa，高于前端截面顶部（STRE8）的应力 11.72 kPa，后端截面侧边（STRE10）的应力为 17.57 kPa，高于前端截面底部（STRE7）的应力 12.98 kPa。由于在相同级别荷载作用时，锚塞体后端的锚-岩接触应力要高于锚塞体前端的锚-岩接触应力，由此可推断，隧道式锚碇锚塞体后部的围岩必先于锚塞体前部的围岩达到极限强度，因此，隧道式锚碇系统的围岩的破裂面应该从锚塞体后部先开始发展。

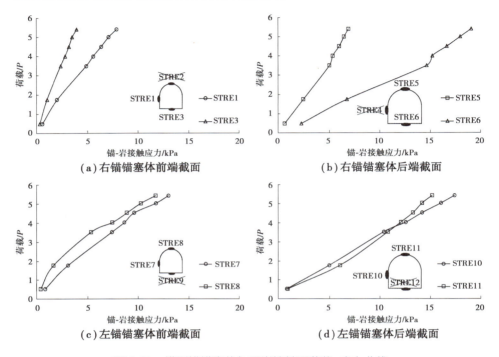

图4.31　模型锚锚塞体与围岩接触面荷载-应力曲线

4.5 下卧结构面对隧道式锚碇长期稳定性的影响分析

在$0.5P$、$1.75P$和$3.5P$循环荷载试验完成后进行相应的蠕变试验,分别开展了$0.5P$、$1.75P$和$3.5P$荷载下的模型锚蠕变试验,研究模型锚与围岩在承受荷载状态下的长期稳定性。

锚塞体与围岩蠕变变形试验与模型锚荷载试验、破坏试验采用同一套位移传感器测量系统:光栅式位移传感器和振弦式多点位移计。光栅式位移传感器以 12 m 长的钢梁作为基准梁,用来测量锚塞体的蠕变变形和地表围岩的蠕变变形。振弦式多点位移计通过钻孔埋入深部作为基准点,用来测量深部围岩的蠕变变形。蠕变试验在野外进行,24 h 实时观测,持续 5 d 以上。由于野外环境昼夜温差跨度较大,位移测试系统受温度的影响较大。为了减小并有效控制温度对蠕变变形测试的影响,采取了如下几种措施:

①在现场露天环境下建立保温彩钢棚试验室,试验室密封,为蠕变试验营造一个相对稳定的环境。

②对基准钢梁采取保温措施,采用空心圆钢管,内部充满常温水,用水的高比热容去缓解外部温度的变化引起的基准钢梁的热胀冷缩,同时在基准钢梁外部用棉絮缠绕,减小外部温度的变化对基准钢梁的影响。

③在彩钢棚试验室安装 3 台 3.5 匹的空调,对室内温度进行控制和调节。

④采用数字式温湿度计采集空气温度,实时观测试验室的空气温度。

尽管采取了保温措施,使温度对试验的影响大大减小,但蠕变试验对变形精度的要求很高,达到 μm 级别,现有的现场保温技术仍然不能达到足够理想的保温水平,因此需要通过对监测数据的后期处理来尽量消除温度变化对蠕变变形结果的影响。本次试验是在初夏进行,昼夜温差达 15 ℃,采用第 2.4 节的温度修正方法处理不能达到较理想效果,曲线波动起伏大,因此采用如下方式处理:模型锚蠕变试验是在遵循岩体本身的普遍蠕变规律基础上,删除白天(日照影响大)的观测数据,保留夜晚的观测数据(夜间温度变化保持在 2 ℃ 范围内)。处理过程如图 4.32 所示。

蠕变数据处理后的误差分析:蠕变数据处理舍弃了白天阶段的数据,保留了夜间 22 点到次日 8 点的数据,在这段时间段期间,温度呈现出逐步降温的趋势,降温的幅度最大为 2 ℃。由于整个变形测试系统受温度的影响,呈现出温度降低、变形增大的现象,所以整个蠕变位移观测的位移量要比真实值大些,这对隧道式锚碇来说是属于偏保守的。

0.5P 蠕变试验持续了 103.0 h,1.75P 蠕变试验持续了 249.0 h,3.5P 蠕变

试验持续了 453.9 h。蠕变试验荷载稳压全过程曲线如图 4.33 所示。

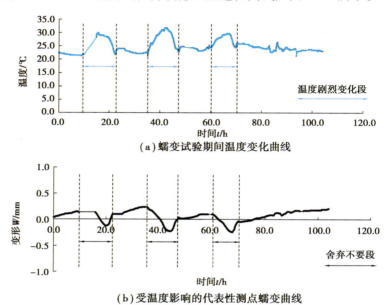

（a）蠕变试验期间温度变化曲线

（b）受温度影响的代表性测点蠕变曲线

图 4.32　模型锚蠕变试验观测数据后期处理过程图

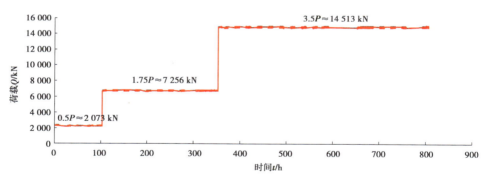

图 4.33　蠕变试验荷载稳压全过程曲线

1）模型锚锚塞体及地表测点蠕变分析

选取若干代表性的模型锚地表岩体测点蠕变试验曲线进行分析，结果如图 4.34 所示。需要指出的是，图中曲线波动较大，与外界温度变化有重要关系，温度带来的误差很难避免，而深部围岩受温度变化的影响小，其蠕变则要稳定得多。

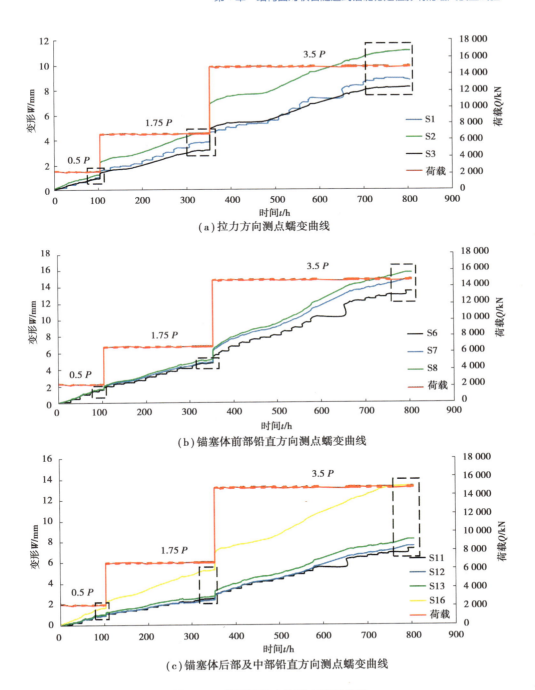

（a）拉力方向测点蠕变曲线

（b）锚塞体前部铅直方向测点蠕变曲线

（c）锚塞体后部及中部铅直方向测点蠕变曲线

图 4.34　模型锚代表性测点蠕变曲线

由图 4.34 可知,锚塞体地表围岩测点的蠕变不论是拉力方向还是铅直方向,虽然有较长时间的变形增长,但是最终仍呈现出稳定的趋势(见图 4.34 中虚线框)。对于拉力方向围岩测点[图 4.34(a)],锚塞体前锚面(S2)的蠕变变形要大于锚间岩体(S3)和锚侧岩体(S1)的蠕变变形,这一点和地表测点的荷载试验变形规律相一致。例如,对于蠕变荷载 3.5P,测点 S2 的终止蠕变为 11.17 mm,测点 S1 和测点 S3 的终止蠕变分别为 8.82 mm 和 8.25 mm。对于铅直方向围岩测点[图 4.34(b)],锚塞体中部(S16)的蠕变变形要大于锚塞体后部围岩(S11～S13)的蠕变,这一点也和地表测点的荷载试验变形规律相一致,即同一荷载时,锚塞体铅直方向的围岩变形由前端往后端递减。例如,对于蠕变荷载 3.5P,测点 S16 的终止蠕变为 13.33 mm,测点 S11、测点 S12 和测点 S13 的终止蠕变分别为 7.28 mm、7.56 mm 和 8.19 mm。

此外,随着蠕变荷载的增加,锚碇拉力方向围岩的蠕变变形量也随之增加。例如,对于测点 S1,0.5P 蠕变荷载时,瞬时蠕变为 0.10 mm,终止蠕变为 1.05 mm,蠕变变形量为 0.95 mm;1.75P 蠕变荷载时,瞬时蠕变为 0.54 mm,终止蠕变为 3.83 mm,平均蠕变变形量为 3.29 mm;3.5P 蠕变荷载时,瞬时蠕变为 1.27 mm,终止蠕变为 8.82 mm,平均蠕变变形量为 7.55 mm。

2)模型锚深部围岩测点蠕变变形分析

根据蠕变试验结果,将不同级别荷载(0.5P、1.75P 和 3.5P)作用下的模型锚深部围岩测点的典型蠕变曲线如图 4.35 所示。

由图 4.35 可知,模型锚锚塞体深部围岩代表性测点的蠕变,不论是拉力方向还是铅直方向,虽然有较长时间的变形增长,但是同地表测点蠕变曲线一样,最终还是有趋于稳定的趋势(见图 4.35 中虚线框)。不论对于拉力方向深部围岩测点还是对于铅直方向深部围岩测点,不同级别荷载作用下,地表测点(D1-1 和 D4-1)的蠕变变形要小于其他测点(D1-2,D1-3,D1-4;D4-3),由此可断定,锚塞体在承受荷载作用时,锚塞体上部围岩和拉力方向的锚间岩体,都受到了锚塞体斜向上的挤压作用。同时由图 4.35 可知,随着荷载的增加,隧道式锚

碇铅直方向围岩的蠕变量也随之增加,此处不再举例赘述。

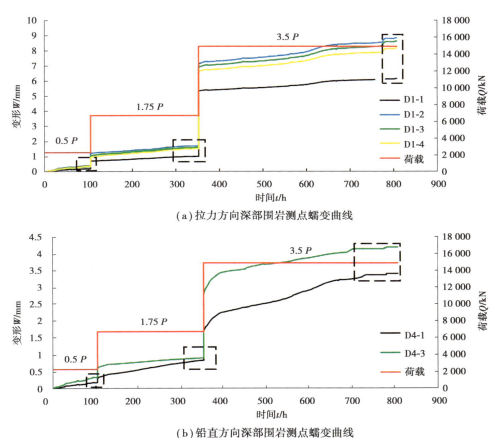

（a）拉力方向深部围岩测点蠕变曲线

（b）铅直方向深部围岩测点蠕变曲线

图 4.35　模型锚深部围岩代表性测点蠕变曲线

　　综上分析,在不同级别的荷载作用下,随着荷载的作用时间持续,隧道式锚碇周围岩体都出现了不同程度的蠕变现象,蠕变曲线也最终呈现出基本上趋于稳定的趋势。且随着荷载水平的增加,蠕变终止位移及蠕变变形量也随之增加,蠕变效应更为明显。由此可见,对于含软弱面浅埋软岩隧道式锚碇,在相对较低的荷载作用下,是具有一定的长期稳定性的,根据试验结果,其长期稳定性安全系数≥3.5。

<table>
<tr><td>4.6</td><td>下卧结构面对隧道式锚碇破坏特征的影响分析</td></tr>
</table>

1）破坏后重复加载成果分析

在模型锚破坏试验完成后,开展了破坏后重复加载试验。其主要目的是通过破坏后重复加载获得的荷载-位移曲线,得到含软弱面浅埋软岩(砂质泥岩)隧道式锚碇系统的残余强度。同时,也可以将地表的破坏裂隙宽度扩大,以便于对地表裂隙进行观测,进而通过对地表可见裂隙的统计分析来研究隧道式锚碇系统的破坏模式。破坏后重复加载试验主要进行了锚塞体和地表围岩的变形测量,而测量深部岩体变形的多点位移计和测量锚体与围岩错动变形的位错计在破坏试验后期,因围岩和锚塞体变形过大而损坏。

破坏后重复加载试验按 0.01 MPa/s 的加载速度持续加载,加载至压力保持在某一稳定值 1 h 不变为止。模型锚系统代表性测点的荷载-变形关系曲线如图 4.36 所示,包含锚侧地表围岩测点 S6,锚间地表岩体测点 S13 和锚塞体铅直方向变形测点 S16。

由图 4.36 的破坏后重复加载代表性测点荷载-变形曲线可知,隧道式锚碇系统加载到 4.4P 后,荷载持续了 1.5 h 都保持不变,位移不断变大,由此可认为 4.4P 为锚碇系统的残余强度,仍然高于隧道式锚碇的设计荷载强度(1P)。

2）地表破坏特征

模型锚加载直至破坏后,地表围岩出现较为明显的可见裂隙,破坏裂隙的描述如图 4.37 和图 4.38 所示,典型裂隙照片如图 4.39 所示。

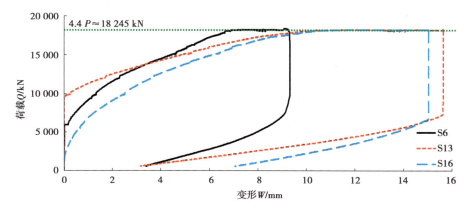

图 4.36 破坏后重复加载代表性测点荷载-变形曲线

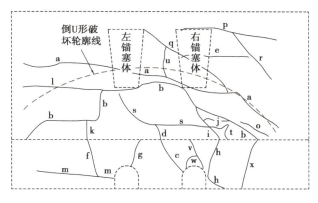

图 4.37 模型锚地表裂隙分布

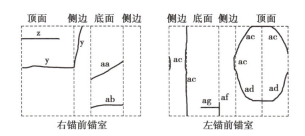

图 4.38 模型锚前锚室裂隙分布

裂隙出现的顺序描述如下:在荷载施加至 4P 时,观察在铅直方向地表的锚塞体中部处出现 a 裂隙,随后出现 b 裂隙,并逐渐向左延伸至左锚面,5.2P 时在左上部出现裂隙 e,达到 5.4P 时 a 贯通,在贯通过程中由 a 裂隙向左上部延伸

（a）铅直方向地表a裂隙延　　　　　　（b）铅直方向地表a裂隙张开宽度

（c）与锚面平行斜面v裂隙延伸　　　　　（d）左锚前锚室ad裂隙延伸

图 4.39　模型锚破坏后典型裂隙照片

出 u 裂隙和 q 裂隙，并且在裂隙 e 左侧出现 p 裂隙和 r 裂隙；在 b 贯通过程中，在 5.2P 时由 b 向右部延伸出 l 裂隙，右下部延伸出 k 裂隙，同时向左下部延伸出 i 裂隙和 j 裂隙，然后由 i 裂隙向左锚左侧延伸出 h，达到在 5.4P 时出现 o 裂隙和 x 裂隙。在与锚面平行的斜面上，在 4.5P 时左锚处向上部延伸出 c 裂隙，5.2P 出现 w 裂隙，5.4P 时由 w 延伸出 v 裂隙；在右锚处 5.0P 时延伸出 f 裂隙和 g 裂隙，5.2P 时出现 m 裂隙，并且由 f 向上部延伸的 k 裂隙相连接。在破坏后重复加载试验时，没有增加新的裂缝，但是已有的裂缝宽度增加了很多。

在荷载达到 5.4P 时，模型锚右锚前锚室中顶面出现 z 裂隙和 y 裂隙，且 y 裂隙扩展到侧边，在底面出现 aa 裂隙和 ab 裂隙；模型锚左锚前锚室中，在侧边与底面交界处出现两条 ac 裂隙和相互垂直的 af 裂隙和 ag 裂隙，在顶面则出现 3 条裂隙 ac 和两条裂隙 ad，并相互连接成环状裂隙。

进一步分析图 4.37 和图 4.38 可知,模型锚左锚处围岩的裂隙数量比右锚处围岩的多,模型锚左锚处围岩的裂隙张开程度都比右锚处围岩的明显。这是由于试验区域岩层产状为 98°∠17°,在同一层岩体中左锚处围岩高程高于右锚处围岩高程,试验期间降雨时地表渗水由左锚处围岩向右锚处围岩渗透,但在左锚前后锚室截流了岩层渗水后,导致右锚围岩岩体免受水的影响,造成试验后期受到渗水影响的左锚围岩比右锚围岩力学参数降低,变形比右锚围岩大。

通过对地表所形成的可见裂隙进行统计分析,其中图 4.37 中 a、b 裂隙为主要的贯穿裂隙,而其他大部分裂隙都由这两条伸展形成的,这些裂隙大致呈现倒 U 形的裂隙,组成了锚碇围岩系统倒 U 形破坏轮廓线,反映出锚塞体受到后锚面的推力作用后,携裹着的围岩向前运动,形成了由后锚室向前方临空面逐步范围扩大的破坏区。

3)破坏模式

根据模型锚地表围岩的破坏特征及钻孔测斜的试验结果,可推断出含软弱面浅埋软岩(砂质泥岩)隧道式锚碇的破坏模式,结果如图 4.40 所示。锚塞体在高荷载作用下携带着周边岩体一起斜向上错动,锚塞体下部的错动面为以后锚面为起点的岩层层面,按 17°倾角沿软弱夹层向前方错动,钻孔测斜仪在 7.67 m 处发生大错动变形正好验证该结论。锚塞体上部的错动面以后锚面为起点斜向上部岩体错动,错动面的方位大致和锚塞体下部的错动面共同以锚塞体中心轴线方向为对称轴,在地表上出现了一条显著地表裂缝(裂缝 a),该裂缝的走向大致与锚塞体拉力方向垂直,缝隙最大宽度达到 3 cm,延伸 13.5 m 长,根据该裂缝出现的位置和方位,可以推测该结论。

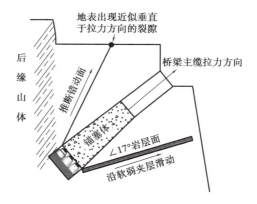

图 4.40　含软弱面浅埋软岩隧道式锚碇破坏模式

4.7　本章小结

本章在对隧道式锚碇模型试验锚洞的地质情况进行了分析的基础上,开展了缩尺比例为1∶10的含软弱层面浅埋软岩(砂质泥岩)隧道式锚碇模型试验,试验内容包括荷载试验、蠕变试验、破坏试验等。针对含软弱面浅埋软岩(砂质泥岩)隧道式锚碇,获得以下主要研究结论:

①所施加的荷载不论是低于设计荷载(0.5P),还是高于设计荷载(1.75P和3.5P),隧道式锚碇各测点的变形都相对较小,为 mm 级,该类型的隧道式锚碇,在设计荷载的工作状态下,可以满足相关规范规定的变形要求。

②在拉力方向的地表围岩变形,隧道式锚碇两个锚塞体正前方的变形最大,其次为锚间岩体变形,最小的为锚侧岩体变形,拉力方向的地表围岩变形曲线近似呈现出 M 形。在铅直方向,对于模型锚前部的地表围岩变形,其锚间岩体的变形最大,其次是两个锚塞体上部岩体,变形相对最小的为锚侧岩体,变形曲线以锚间岩体为对称中心,具有较好的对称性,近似呈现出倒 V 形。对于模

型锚后部的铅直方向地表围岩变形,其变形规律与模型锚前部的铅直方向地表围岩变形类似,但是其变形值比模型锚前部的铅直方向地表围岩变形值要小得多。总体上看,对于该类隧道式锚碇,其在锚塞体前锚面处拉力方向的地表围岩变形最大,其次为锚塞体前部铅直方向地表围岩变形,最小的为锚塞体后部铅直方向地表围岩变形。

③隧道式锚碇在受荷载作用时,锚塞体拉力方向的深部岩体的变形总体上是要大于锚塞体铅直方向深部岩体的变形,锚间深部岩体的变形要大于锚侧深部岩体的变形。在铅直方向,在相对位置一致的情况下,隧道式锚碇前部深部岩体的变形要大于隧道式锚碇后部深部岩体的变形。对于该类型的隧道式锚碇,拉力方向累积变形控制,相对于锚侧岩体,应以锚间岩体累积变形为主。铅直方向累积变形控制,相对于锚塞体后部围岩,应以锚塞体前端围岩累积变形为主。

④对含软弱面的软岩隧道式锚碇,地表和深部围岩的荷载变形曲线都可近似地分为弹性工作阶段和塑性屈服工作阶段,在一定的拉拔荷载作用下,该类型的隧道式锚碇仍可处于线弹性工作阶段,可以满足承载能力要求。

⑤随着荷载的增加,即使隧道式锚碇系统达到了破坏,隧道式锚碇的荷载-错动变形曲线基本上呈现出线弹性变化的趋势,并未有较为明显的非线性增长的表现,表明在该类型的隧道式锚碇发生破坏时,锚塞体并未有沿着锚-岩接触面发生滑动。隧道式锚碇的锚塞体自始至终都是处于线弹性工作状态的,隧道式锚碇破坏后,主要是周围岩体破坏,使整个隧道式锚碇系统失效,锚塞体本身没有出现破坏。

⑥在一定的拉拔荷载作用下,随着荷载作用时间的持续,该类隧道式锚碇周围岩体都出现了不同程度的蠕变现象,蠕变曲线也最终呈现出基本上趋于稳定的趋势,且随着荷载水平的增加,蠕变终止位移及蠕变变形量也随之增加,蠕变效应更为明显。试验结果表明,对于该类隧道式锚碇,仍具有一定的长期稳定性,而对于本书所研究的含软弱面浅埋软岩隧道式锚碇,根据试验结果,其长期稳定性安全系数≥3.5。

第 5 章　软岩隧道式锚碇锚址区
岩体参数反演

5.1　岩体参数反演方法

　　隧道式锚碇周围岩体参数反演所采用的核心方法是智能位移反演方法,它利用 MATLAB 中的 LSSVM 和 PSO 分析模型并借助于 FLAC 3D 数值方法正算来实现。其主要思路是首先依据弹塑性参数或蠕变参数的试验室结果和同类岩石的试验资料,凭经验综合分析给出待反演参数的取值区间。利用均匀设计法,对待反演参数进行均匀设计形成若干组参数样本。通过采用弹塑性摩尔-库仑本构模型或由室内岩石列表试验选取的蠕变本构模型,利用 FLAC 3D 数值分析软件计算获得相应的多点位移计监测点的位移计算值,由此构成若干组学习样本和检验样本。利用学习样本对映射网络进行较高效率的训练,建立可以反映待反演锚碇周围岩体弹塑性参数与位移之间非线性映射关系,并作为位移反演时的计算模型。

利用此计算模型对任意一组给定待反演参数,均可以通过网络的推广预测能力求出其相应的位移值;结合锚碇现场实际位移值,利用遗传算法搜索全局最优解和隐含并行性的优点,在全局范围内对待反演参数进行搜索寻优。如果某一计算位移值和实际位移值相比其误差为最小,则此计算位移值所对应的待反演参数即可认为是所求的岩体弹塑性参数。

5.1.1　力学参数与位移非线性映射关系

岩土结构的复杂性决定了岩体力学参数与岩体位移之间的关系很难用显式数学表达式来描述,而 LSSVM 和 PSO 分析模型特别适用于参数变量和目标函数值之间无数学表达式的复杂工程问题,一个简单的 LSSVM 和 PSO 分析模型甚至可以反映一个非常复杂的映射关系。

为了建立岩体力学参数与各测点位移的映射关系,需要事先给定一定数量的样本进行训练。样本应能够涵盖全部可能发生的输入输出状态,即网络空间应该足够大。由于不可能试验所有的输入输出状态,因此必须结合适当的试验设计方法确定参数组合作为输入,并进行相应的正分析作为输出,如此构造样本,既能保证网络预测的准确性,又减少了试验的次数。最常见的试验设计方法——均匀设计法,它可以筛选出能够代表全面试验的部分代表性的试验点,从而大大地减少试验次数,特别是在条件范围的幅度大,需要完成试验水平次数多时,它提高的效率是显著的。

5.1.2　反演方法与分析流程

1)有限差分数值分析方法

求解反演问题的基础是相应的正演问题已经获得解决。本书所采用的 FLAC 3D 方法,是由 Cundall 等人提出并发展的显式有限差分计算方法。这种方法在计算中不形成刚度矩阵,不需通过迭代满足弹塑性本构关系,只需用应变通过应力应变关系计算应力;在计算过程中,能随意中断与进行,随意改变计算参数与边界条件;因此,较适合处理复杂的非线性岩体开挖卸荷效应问题。图 5.1 为 FLAC 3D 方法求解过程示意图。

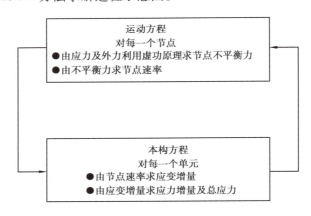

图 5.1　FLAC 3D 方法求解过程示意图

2)参数优化-粒子群算法

粒子群优化算法是一种进化计算技术,最早是由 Kenney 与 Eberhart 于 1995 年提出的。它源于对鸟群捕食的行为研究,是一种基于迭代的优化工具。在 PSO 中,每个优化问题的解都看作搜索空间中的一个粒子。所有的粒子都有一个由被优化的函数决定的适应值,每个粒子还有一个速度决定它们飞翔的方向和距离,然后粒子们就追随当前的最优粒子在解空间中搜索。PSO 先初始化产生一群随机粒子,然后通过迭代找到最优解。在每一次迭代中,粒子通过跟踪两个极值来更新自己。一个是每个粒子在历代搜索中自身所达到的最优解,被称为个体极值 P_{best},另一个是整个粒子群所有粒子在历代搜索中所达到的最优解,被称为全局极值 g_{best}。群体中第 i 个粒子在 n 维空间的位置表示为 $x_i = (x_{i1}, x_{i2}, \cdots, x_{in})$,其速度为 $v_i = (v_{i1}, v_{i2}, \cdots, v_{in})$,第 i 个粒子的个体极值为 $P_{\text{best}} = (P_{i1}, P_{i2}, \cdots, P_{in})$,整个粒子群的全局极值 $g_{\text{best}} = (g_1, g_2, \cdots, g_n)$。在找到这两个极值时,用下式来更新自己的速度和位置:

$$v_i(k+1) = wv_i(k) + c_1 \text{rand}_1(P_{\text{best}} - x_i(k)) + c_2 \text{rand}_2(g_{\text{best}} - x_i(k)) \tag{5.1}$$

$$x_i(k+1) = x_i(k) + v_i(k+1) \tag{5.2}$$

其中,c_1,c_2 表示学习因子,通常在(0,2)取值。rand_1 和 rand_2 为(0,1)的随机数,w 为动量系数,其值可随算法迭代而变化。

3)建立参数位移映射关系——LSSVM 和 PSO 的位移反分析模型

（1）待反演参数与岩体位移的 LSSVM 模型

本书采用 LSSVM 建立待反演参数与岩体位移之间的非线性映射关系。假设有 k 组训练样本数据 $\{x_i, y_i\}$ ($i=1,2,\cdots,k$),$x_i \in R^n$ 为待反演参数,$y_i \in R$ 表示量测点的位移值。可以建立下面的关系:

$$f: R^n \to R \tag{5.3}$$

$$y_i = f(x_i)\ (i=1,2,\cdots,k) \tag{5.4}$$

建模的过程即为寻找上述关系的过程,根据最小二乘支持向量机理论,相应的反分析模型为:

$$f(x) = \sum_{i=1}^{k} a_i K(x, x_i) + b \tag{5.5}$$

a 和 b 可以通过解式(5.5)的线性方程组求出。

通过分析比较,选用径向基核函数建立反演模型,并利用粒子群算法搜索最优的核函数参数 σ^2 和惩罚因子 C。

（2）位移反分析目标函数

智能化位移反分析就是在由上述方法所建立的映射关系上,利用智能算法对待反演参数进行全局空间上的搜索,寻找一组待反演的参数使其相应的位移预测值与实测位移值最接近。对于实际工程的设计和施工来说,往往取多个监测点的位移值进行反分析。因此可以把监测点位移预测值与实测值的误差平方和最小值作为选择待反演参数的依据,目标函数可取为:

$$F(X) = \sum_{i=1}^{n} \left[f_i(X) - y_i \right]^2 \tag{5.6}$$

式中,$X=(x_1, x_2, \cdots, x_k)$ 为一组待反演的岩体力学参数,$X=(x_1, x_2, \cdots, x_k)$ 分别是计算值和实测值。

基于均匀设计和 PSO-LSSVM 的位移反分析流程如图 5.2 所示,具体过程如下:

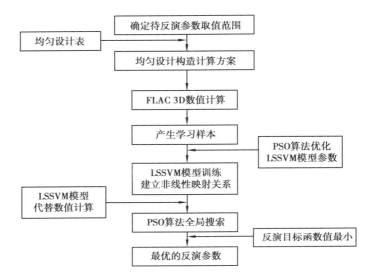

图 5.2　基于均匀设计和 PSO-LSSVM 的位移反分析流程图

①根据工程资料,确定待反演参数的取值范围,利用均匀设计构造计算方案。

②采用有限差分程序对构造的每个方案进行计算,获得每个方案对应的监测点位移值,将待反演参数作为输入向量 x_i,位移计算值作为输出向量 y_i,构成学习样本。

③对粒子群算法进行初始设置,包括群体规模、迭代次数、权重因子、随机初始化产生的粒子群向量、每个粒子向量对应最小二乘支持向量机的惩罚因子 C 和核参数 σ^2,将学习样本集既作为训练样本又作为检验样本,把每个粒子的个体极值设置为当前位置,代入 LSSVM 进行训练并得到相应的位移预测值。

④计算每个粒子对应的真实值与预测值的平均相对误差,并将其作为粒子的适应值。然后进行迭代计算,更新粒子的位置和速度,记忆个体与群体所对应的最佳适应值,直到满足最大迭代次数,最后记忆最佳的参数(C,σ^2)。

⑤将粒子群算法搜索到的最佳参数代入 LSSVM 模型,建立待反演参数和

位移之间的非线性映射关系。

　　⑥利用建立起的待反演参数与位移值之间的非线性映射关系代替正分析中的有限差分计算,将位移反分析的目标函数值作为粒子的适应值,用粒子群算法搜索与实测位移值最吻合的待反演参数。

5.2　基于 1∶10 缩尺模型试验的岩体参数反演

5.2.1　计算条件

　　根据实际地形与隧道模型锚建造开挖揭示地质资料,由于锚碇附近岩体主要是中风化泥岩,因此只考虑一种岩性,建立了反演分析数值计算模型。计算坐标系为 x 轴沿桥梁轴线方向(沿锚碇水平拉力方向),y 轴垂直桥梁轴线,z 轴竖直向上为正。x、y、z 轴的计算范围为 60 m×40 m×40 m。对于比较关心的锚碇及其附近岩体,采用较密的单元。模型其余部分采用合理的网格划分技术进行过渡。计算区域共划分单元 92 764 个、节点 16 943 个,如图 5.3 所示。

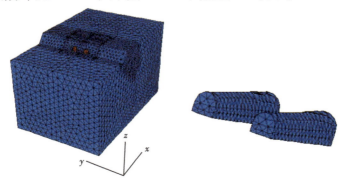

图 5.3　模型锚计算模型

岩体采用 Mohr-Coulomb 弹塑性模型,锚塞体混凝土材料采用线弹性本构模型。由于参数反演分析主要是岩体弹性模量和强度参数,因此有一部分岩体参数不反演。根据工程地质条件和岩石力学试验结果,确定不用于反演的岩体力学参数见表 5.1。由于混凝土与泥岩直剪抗剪断强度参数、泥岩直剪抗剪断参数基本一致,且两种试验剪切破坏形态以沿泥岩破坏为主,数值模型中将锚塞体-岩体接触带参数赋予泥岩强度参数。

表 5.1　计算采用的不用于反演的岩体与混凝土基本力学参数

材料	重度 γ /(kN·m^{-3})	变形模量 E /GPa	泊松比 μ	抗剪强度		抗拉强度
				C/MPa	f	R_t/MPa
锚塞体周围岩体	23.0	—	0.33	—	—	—
锚塞体混凝土	24.5	25	0.22	—	—	—

模型锚碇试验位于浅层地表,应力场采用自重应力场。地表为自由边界,模型侧向和底面边界采用固定约束。

根据现场试验的锚碇拉拔力的分级施加情况,确定了按照实际情况分步逐级进行计算(其中,$1P = 2\,160$ kN)。由表面测点(光栅传感器)的埋设位置及相应的位移监测资料,作为反演、对比的目标测点。

5.2.2　岩体弹塑性参数反演结果

1)样本构造

由于泥岩遇水易软化特性,室内变形参数较为离散。模型锚附近岩芯变形模量在 1.2~6.7 GPa 变化。因此将泥岩变形模量作为反演参数。

泥岩直剪试验和三轴试验强度参数结果有显著差别。泥岩直剪试验得到 f 值为 1.17,c 值为 0.54 MPa,泡水 8 d 后的强度参数略有降低,f 值为 1.02,c 值为 0.53 MPa。岩石三轴剪强度参数的 f 值为 0.92,低于岩体直剪;而 c 值为 1.27 MPa,达到岩体直剪 2 倍。鉴于强度参数对隧道式锚碇安全贮备具有重要的影响,因此将泥岩强度参数也作为反演参数。

在超载试验中模型锚产生大量张拉裂缝,表明张拉过程中岩体中受到拉应力作用。由于岩体一般包含裂隙,在受拉状态下多沿岩体结构面破坏,室内岩块抗拉强度试验值很难代表岩体本身。因此将岩体抗拉强度和拉伸极限应变也作为反演参数。

根据弹塑性参数的试验室结果和同类岩石的试验资料,综合分析给出待反演参数和取值区间。采用均匀设计方法,在取值区间内将 5 个参数分成 4 个样本水平,见表 5.2,然后均匀设计了 16 组训练样本试验组合方案,见表 5.3。

表 5.2　样本水平

水平数	变形模量 E /GPa	内聚力 c /MPa	内摩擦角 φ /(°)	抗拉强度 R_t /MPa	极限拉伸应变 ε
1	1	0.1	22	0.1	$1e^{-4}$
2	3	0.4	31	0.3	$2e^{-4}$
3	5	0.7	39	0.5	$3e^{-4}$
4	7	1	45	0.7	$4e^{-4}$

表 5.3　训练样本

样本数	变形模量 E /GPa	内聚力 c /MPa	内摩擦角 φ /(°)	抗拉强度 R_t /MPa	极限拉伸应变 ε
1	1	0.1	22	0.1	$1e^{-4}$
2	1	0.4	31	0.3	$3e^{-4}$
3	1	0.7	39	0.5	$5e^{-4}$
4	1	1	45	0.7	$7e^{-4}$
5	3	0.1	31	0.5	$7e^{-4}$
6	3	0.4	22	0.7	$5e^{-4}$
7	3	0.7	45	0.1	$3e^{-4}$
8	3	1	39	0.3	$1e^{-4}$
9	5	0.1	39	0.7	$3e^{-4}$

续表

样本数	变形模量 E /GPa	内聚力 c /MPa	内摩擦角 φ /(°)	抗拉强度 R_t /MPa	极限拉伸应变 ε
10	5	0.4	45	0.5	$1e^{-4}$
11	5	0.7	22	0.3	$7e^{-4}$
12	5	1	31	0.1	$5e^{-4}$
13	7	0.1	45	0.3	$5e^{-4}$
14	7	0.4	39	0.1	$7e^{-4}$
15	7	0.7	31	0.7	$1e^{-4}$
16	7	1	22	0.5	$3e^{-4}$

2）岩体弹塑性参数反演结果

应用 LSSVM 和 PSO 模型建立表 5.3 中 16 组样本输入和计算位移输出之间的非线性映射关系。在此基础上采用粒子群算法进行全局寻优，在位移目标函数最小的条件下得到弹塑性参数的最优解，结果见表 5.4。反演参数量值在工程岩体分级标准 V 类围岩建议参数范围内，符合以往工程经验，但相比现场试验结果小。一方面是因为模型锚超载荷载试验不同于现场试验压剪受力条件，另一方面模型锚岩体尺寸较大，结构效应影响更显著。

将最优参数赋入正向计算模型中进行计算，得到地表测点现场实测位移-荷载曲线与计算结果对比图，如图 5.4 所示，其中 11.5P 实测数据为当前荷载加载半个小时后数据。

表 5.4　模型锚碇围岩弹塑性参数反演结果

变形模量 E/GPa	内聚力 c/MPa	内摩擦角 φ/(°)	抗拉强度 R_t/MPa	极限拉应变
1.4	0.17	31	0.1	$1.5e^{-4}$

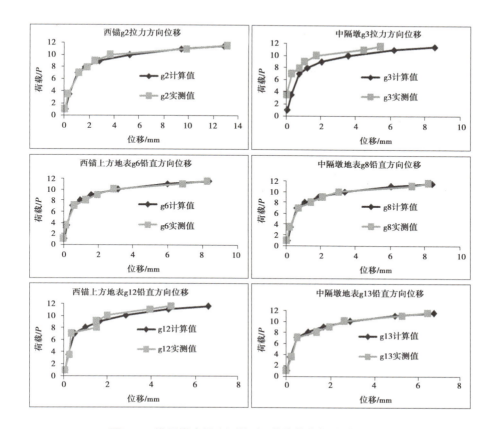

图 5.4　模型锚光栅实测位移–荷载曲线与计算值对比

由图 5.4 监测点的实测与计算位移的对比可以看出,两者在量值上相当,变形趋势上也基本相同,表明所确定的锚碇周围岩体的弹塑性参数基本合理。

图 5.5 为不同荷载下锚碇围岩位移等值线图和位移矢量图。由图知 $7P$ 荷载前,模型锚到四周岩体的位移基本与受力方向平行;超过 $7P$ 后,倒楔型锚碇相对岩体滑动,引起锚碇上部岩体上抬。

图 5.6 为不同荷载下模型锚碇铅直剖面和斜切面塑性区图。$7P$ 前,接触带围岩因拉拔作用应力进一步释放,进而发生拉伸破坏;$7P$ 后,接触带拉伸剪切破坏,锚碇上方地表受到倒楔形锚碇挤压作用,发生拉裂破坏。

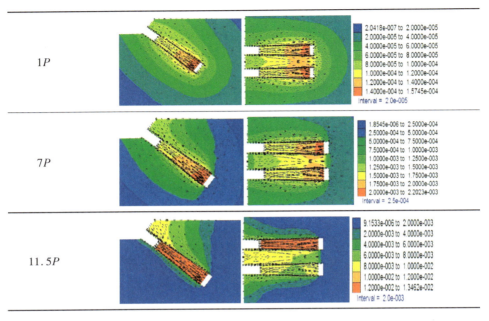

图 5.5　不同荷载下锚碇围岩位移等值线图和位移矢量图

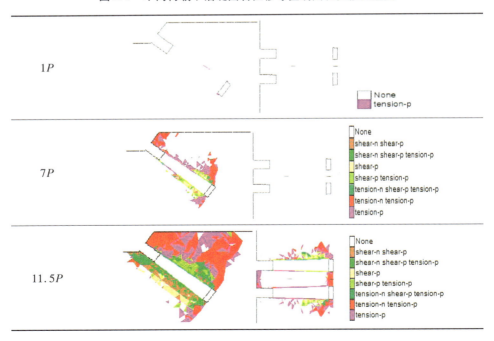

图 5.6　不同荷载下隧道式锚碇系统铅直剖面和斜切面塑性区图

5.2.3　岩体蠕变参数反演结果

1) 蠕变模型及参数

由室内岩石蠕变试验资料和蠕变模型辨识表明,模型锚碇区岩体的蠕变本构模型为伯格斯模型,如图 5.7 所示。由于岩体材料的非均质及岩体结构等因素存在,由室内试验所获得的岩体蠕变力学参数,受尺寸效应等因素的影响,往往还不能很好地反映实际岩体性能。因此进一步通过模型锚蠕变试验反演泥岩蠕变参数。

根据同类岩石的试验资料(表 5.5)和类似经验,综合分析给出待反演参数的取值区间。采用均匀设计方法,在取值区间内将 4 个参数分成 5 个样本水平(表 5.6),然后均匀设计了 16 组训练样本试验组合方案(表 5.7)。

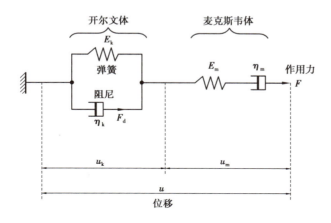

图 5.7　伯格斯模型

表 5.5　同类岩石伯格斯模型参数

岩性	E_k/GPa	E_m/GPa	η_k/(GPa·h)	η_m/(GPa·h)	来源
粉砂质泥岩	0.06	0.011	0.176	41.3	于怀昌,2012
	0.061	0.019	0.253	9.61	

续表

岩性	E_k/GPa	E_m/GPa	η_k/(GPa·h)	η_m/(GPa·h)	来源
粉砂质泥岩	0.208	0.08	0.454	701	谌文武,2009
	0.182	0.093	0.411	100	
泥岩	0.074	0.022	1.639	2 944.44	朱定华,2002
	2.743	—	8.64	1 142	杨圣奇,2012

表 5.6　样本水平

水平数	锚碇围岩体蠕变参数			
	E_k/GPa	E_m/GPa	η_k/(GPa·h)	η_m/(GPa·h)
1	0.5	0.2	100	$0.1e^5$
2	1	0.6	300	$0.4e^5$
3	2	1	500	$0.7e^5$
4	3	1.5	700	$1e^5$
5	4	2	1 000	$1.3e^5$

2)蠕变参数反演结果

应用 LSSVM 和 PSO 分析模型,建立表 5.7 中 16 组样本输入和计算位移输出之间的非线性映射关系。在此基础上采用粒子群算法进行全局寻优,在位移目标函数最小的条件下得到锚碇周围岩体蠕变参数的最优解,结果见表 5.8。最后,将最优参数赋入正向计算模型中进行计算,得到典型测点位移与现场实测位移值对比如图 5.8 所示。

表 5.7　用均匀设计方法获得的训练样本

样本数	E_k/GPa	E_m/GPa	η_k/(GPa·h)	η_m/(GPa·h)
1	0.5	0.6	300	$0.4e^5$
2	0.5	1	500	$0.7e^5$

续表

样本数	E_k/GPa	E_m/GPa	η_k/(GPa·h)	η_m/(GPa·h)
3	0.5	1.5	700	1e⁵
4	0.5	2	1 000	1.3e⁵
5	1	0.2	300	0.7e⁵
6	1	1.5	1 000	0.1e⁵
7	1	2	100	0.4e⁵
8	2	0.2	500	1.3e⁵
9	2	0.6	700	0.1e⁵
10	2	1.5	100	0.7e⁵
11	3	0.2	700	0.4e⁵
12	3	1	100	1e⁵
13	3	2	500	0.1e⁵
14	4	0.2	1 000	1e⁵
15	4	0.6	100	1.3e⁵
16	4	1	300	0.1e⁵

表 5.8　蠕变参数反演结果

岩性	E_k/GPa	E_m/GPa	η_k/(GPa·h)	η_m/(GPa·h)
泥岩	0.39	0.53	690	0.94e⁵

由图 5.8 蠕变反演分析计算表明：

①实测 1P、3.5P 拉拔力作用下,锚碇周围岩体具有稳定型蠕变特性,蠕变位移增量较小,7P 拉拔力作用下,锚碇周围岩体蠕变位移呈增长趋势,符合伯格斯模型。

②1P 拉拔力作用下,蠕变效应不会使锚碇周边岩体产生塑性区,3.5P 拉拔力作用下,西锚拱顶和锚碇后端岩体产生少许张拉塑性区,7P 拉拔力作用下锚

碇四周均出现塑性区。

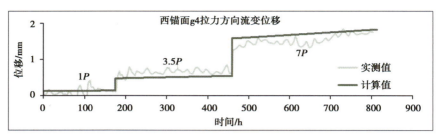

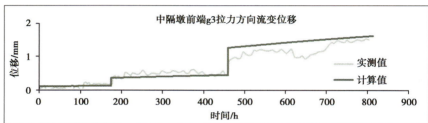

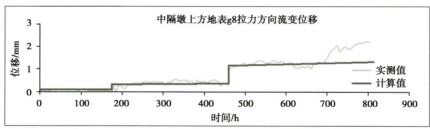

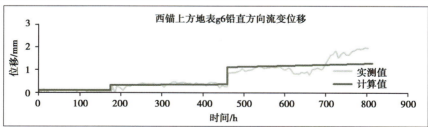

图5.8　模型锚地表蠕变变形实测值与计算值对比

5.3 基于 1:30 缩尺模型试验的岩体参数反演

5.3.1 计算条件

根据实际地形与隧道模型建造开挖揭示地质资料,由于锚碇附近岩体主要是中风化泥岩,因此只考虑一种岩性,建立了反演分析数值计算模型。计算坐标系为 x 轴沿桥梁轴线方向(沿锚碇水平拉力方向),y 轴垂直桥梁轴线,z 轴竖直向上为正。x、y、z 轴的计算范围为 30 m×20 m×20 m。对于比较关心的锚碇及其附近岩体,采用较密的单元。模型其余部分采用合理的网格划分技术进行过渡,如图 5.9 所示。

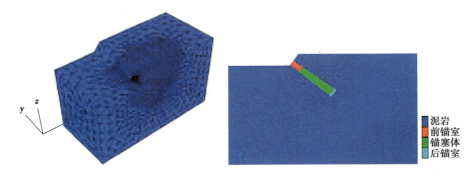

图 5.9 模型锚计算模型

岩体采用 Mohr-Coulomb 弹塑性模型,锚塞体混凝土材料采用线弹性本构模型。参数反演分析主要是岩体弹性模量和强度参数,因此一部分力学参数不反演,见表 5.1。模型锚碇试验位于浅层地表,应力场采用自重应力场。地表为自由边界,模型侧向和底面边界为固定约束。根据现场试验的锚碇拉拔力的分级施加情况,确定了按照实际情况分步逐级进行计算(其中,$1P = 240$ kN)。由地表测点(光栅传感器)的埋设位置及相应的位移监测资料,作为反演、对比的目标测点。

5.3.2 岩体弹塑性参数反演结果

1)样本构造

1∶30 的模型锚与 1∶10 模型锚两者地质条件相近,两者锚塞体混凝土材料相同,因此,岩体仍采用摩尔-库仑弹塑性模型,锚塞体混凝土材料仍采用线弹性本构模型,岩体待反演参数和不反演参数同 5.2.1 节(表 5.1)。

根据弹塑性参数的试验室结果和同类岩石的试验资料,综合分析给出待反演参数和取值区间。泡水状态下,1∶30 模型锚的岩体参数反演采用同 5.2.2 节的均匀设计方法,在取值区间内(表 5.9)将 5 个参数分成 4 个样本水平,然后均匀设计了 16 组训练样本试验组合方案;天然(不泡水)状态下,1∶30 模型锚的岩体参数反演采用的训练样本试验组合方案同 5.2.2 节(表 5.3)。

表 5.9 样本水平

变形模量 E/GPa	内聚力 c/MPa	内摩擦角 φ/(°)	抗拉强度 R_t/MPa	极限拉伸应变 ε
0.7 ~ 6.0	0.07 ~ 0.6	21.8 ~ 39	0.05 ~ 0.3	0.5×10^{-4} ~ 4×10^{-4}

2)弹塑性参数反演结果

在数值分析模型计算步骤如下:

①锚碇隧道的施工开挖;

②锚碇混凝土施工回填建造,然后将位移清零;

③极限拉拔超载模拟,从 $1P$ 缆索荷载开始,分级增加荷载,加载步骤同模型试验。

应用 LSSVM 和 PSO 模型建立上述 16 组训练样本输入和计算位移输出之

间的非线性映射关系。在此基础上采用粒子群算法进行全局寻优,在位移目标函数最小的条件下得到弹塑性参数的最优解,反演结果见表 5.10。

不泡水条件下 1∶30 模型反演参数和 1∶10 模型锚反演参数(表 5.4)基本一致,量值在工程岩体分级标准Ⅴ类围岩建议参数范围内,符合以往工程经验,但相比现场试验结果小。一方面是因为模型锚超载拉拔与现场试验压剪受力条件不同,另一方面受岩体尺寸效应和结构效应影响。

表 5.10　模型锚碇围岩弹塑性参数反演结果

工况	弹性模量 E/GPa	内摩擦角 φ/(°)	内聚力 c/MPa	抗拉强度 R_t/MPa	极限拉应变 ε
不泡水 1∶30	1.4	33	0.18	0.10	1.5×10^{-4}
泡水 1∶30	1.0	27	0.14	0.07	1×10^{-4}

最后,将最优参数赋入正向计算模型中进行计算,得到地表测点现场实测位移-荷载曲线与计算结果对比图,如图 5.10 所示。由监测点的实测与计算位移的对比曲线可以看出,两者在量值上相当,变形趋势上也基本相同,不泡水模型锚的屈服荷载为 7P,泡水模型锚的屈服荷载为 5P。

图 5.11 和图 5.12 分别为天然(不泡水)、泡水两种工况下模型锚位移云图。由图知,极限荷载前(不泡水 7P,泡水 5P),云图呈鹅蛋形,模型锚到四周岩体的位移逐渐减小,基本与受力方向平行;超过极限荷载后,锚碇沿底板滑动,引起锚碇上方岩体上抬。计算得到前锚面位移大于地表位移,而试验测得前锚面位移与地表铅直方向位移相当,是因为现场监测得到的前锚面位移仅仅是拉力方向分量。

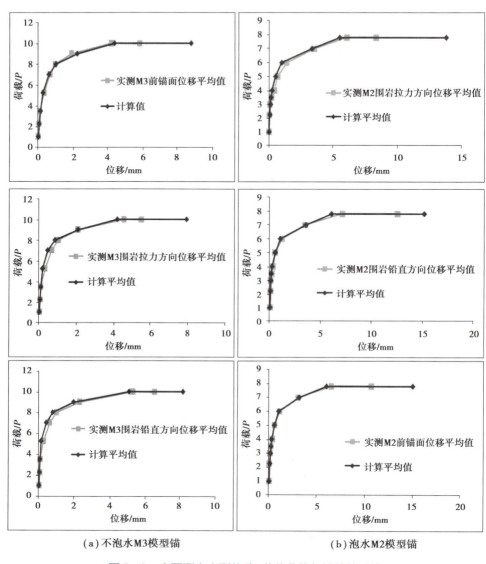

（a）不泡水M3模型锚　　　　　　　　（b）泡水M2模型锚

图5.10　表面测点实测位移–荷载曲线与计算值对比

图5.13和图5.14为天然（不泡水）、泡水两种工况下模型锚塑性区分布图。由图知,极限拉拔荷载前,由于锚碇与四周岩体相对位移较小,倒楔型锚碇尚未发挥挤压作用,锚碇周围岩体因拉拔作用进一步释放应力,进而发生拉伸破坏。随着拉拔荷载达到或超过极限荷载,锚碇相对岩体进一步错动,锚碇四

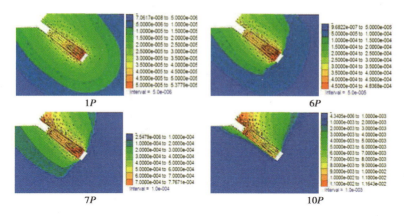

图 5.11　不泡水模型锚围岩位移云图

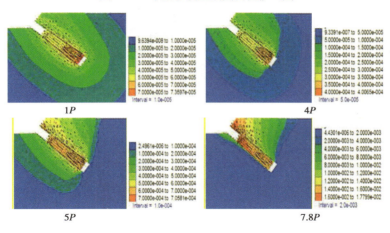

图 5.12　泡水模型锚围岩位移云图

周岩体受到倒楔型锚碇挤压作用,发生剪切破坏;但在较低应力水平场下,由于倒楔型锚碇滑移和上抬,锚碇后端上方岩体拉裂破坏,破坏区近垂直贯通至地表。

　　综上,反演方法所得宏观等效岩体力学参数是建立在与实际工程、载荷及围岩应力相似,并考虑岩体特征、地质构造以及其他因素,可作为实桥隧道式锚碇岩体稳定分析时的弹塑性计算参数。

小于极限荷载:锚碇四周拉伸破坏　　　达到极限荷载:锚碇四周剪切破坏,后端有垂向裂缝

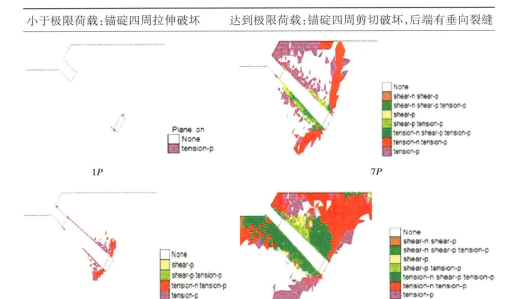

图 5.13　天然(不泡水)模型锚围岩塑性区分布

小于极限荷载:锚碇四周拉伸破坏　　　达到极限荷载:锚碇四周剪切破坏,后端有垂向裂缝

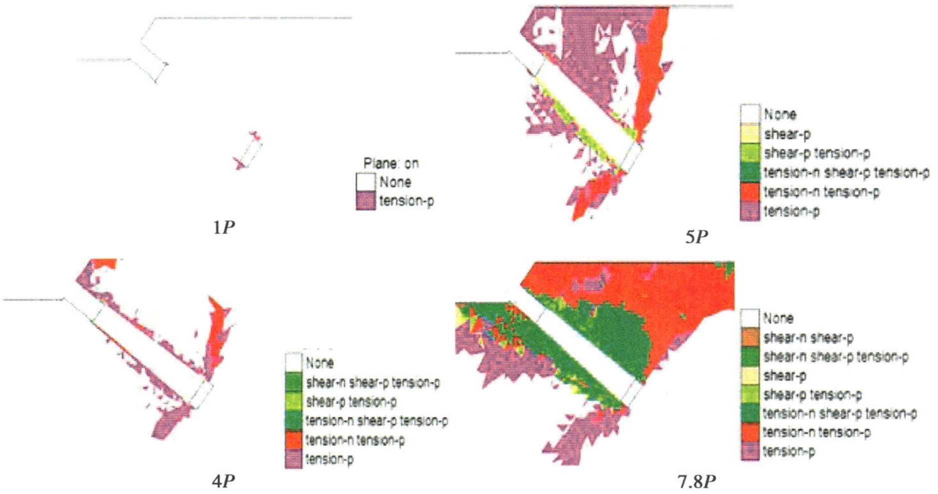

图 5.14　泡水模型锚围岩塑性区分布

5.3.3　岩体蠕变参数反演结果

1)样本构造

模型锚碇区岩体的蠕变本构模型符合伯格斯模型。采用均匀设计方法,在取值区间内(表 5.11)将 4 个参数分成 5 个样本水平,然后均匀设计了 16 组训练样本试验组合方案。

表 5.11　样本水平

E_k/GPa	E_m/GPa	η_k/(GPa·h)	η_m/(GPa·h)
0.1 ~ 1.5	0.2 ~ 2.0	100 ~ 1 000	$0.1e^5 \sim 1.3e^5$

2)蠕变参数反演结果

分别在 1.0P 和 3.5P 荷载下进行蠕变计算。每级荷载蠕变时间同模型试验。

1P 加载时实测位移较小,测量误差占实测位移百分比较大,因此以 3.5P 蠕变加载过程中锚体及围岩的长期变形构建反演目标函数。应用 LSSVM 和 PSO 分析模型建立 16 组样本输入和计算位移输出之间的非线性映射关系。在此基础上采用粒子群算法进行全局寻优,在位移目标函数最小的条件下得到锚碇围岩体蠕变参数的最优解,反演结果见表 5.12。最后,将最优参数赋入正向计算模型中进行计算,得到典型测点位移与现场实测位移值对比如图 5.15 和图 5.16 所示。

表 5.12　蠕变参数反演结果

岩体	E_k/GPa	E_m/GPa	η_k/(GPa·h)	η_m/(GPa·h)
泥岩天然	0.4	0.53	600	$0.7e^{5'}$
泥岩泡水	0.3	0.37	700	$1e^5$

图 5.15 和图 5.16 为 3.5P 蠕变作用下锚碇及岩体蠕变位移实测值和计算值对比曲线。从图可知,在 3.5P 荷载作用下,锚碇围岩体蠕变位移与实测结果基本一致,均呈增长趋势,符合伯格斯模型。

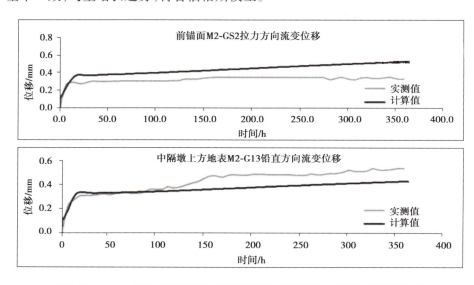

图 5.15　3.5P 蠕变加载时泡水 M2 模型锚蠕变位移实测值与计算值对比

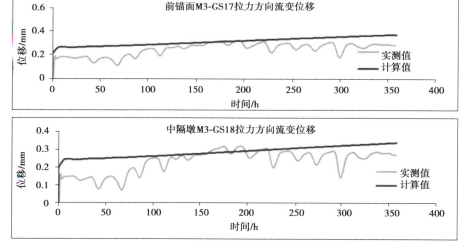

图 5.16　3.5P 蠕变加载时天然 M3 模型锚蠕变位移实测值与计算值对比

5.4 基于 1∶10 含软弱结构面的缩尺模型试验岩体参数反演

5.4.1 计算条件

根据实际地形与隧道模型锚建造开挖揭示地质资料(见第 4 章),建立反演分析数值计算模型。计算坐标系为 x 轴沿桥梁轴线方向(沿锚碇水平拉力方向),y 轴垂直桥梁轴线,z 轴沿地表高程铅直方向,如图 5.17 所示。整个计算区域尺寸约为 37.3 m×23.4 m×20 m,计算模型共划分 79 323 个单元,节点总数为 48 383 个,细化模型区域(不包含锚塞体)有 27 858 个单元,19 989 个节点。软弱夹层采用实体单元模拟,厚度为 0.15 m,间距为 2 m,软弱夹层与水平向的夹角为 23°。

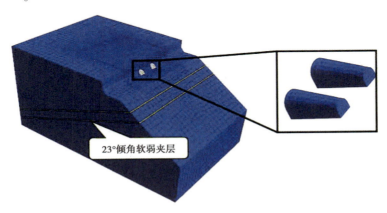

图 5.17　模型锚计算模型

模型锚为前小后大的楔形体,断面为马蹄形。前锚面尺寸为 1.2 m×1.2

m,顶部圆弧半径为0.6 m,后锚面断面尺寸为1.8 m×1.9 m,顶部圆弧半径为0.9 m,锚塞体轴线长度为4 m,与水平线的夹角为40°,两锚塞体中心线间距为3.4 m,锚塞体最大埋深约为6 m。

模型锚碇位于浅层地表,应力场采用自重应力场。模型地表为自由边界,侧面和底面采用固定约束。锚区岩体及软弱夹层采用弹塑性本构模型,服从Mohr-Coulomb屈服准则。锚碇混凝土锚塞体采用线弹性模型,材料应力-应变关系服从虎克定律。

参数反演分析主要是岩体及软弱面强度参数,因此有一部分岩体参数不反演。根据工程地质条件和岩石力学试验结果,确定不用于反演的岩体力学参数见表5.13。

表5.13　计算采用的不用于反演的岩体与混凝土基本力学参数

材料	重度 $\gamma/(kN \cdot m^{-3})$	变形模量 E/GPa	泊松比 μ
锚碇围岩体	23.0	1.1	0.33
软弱夹层	22.0	0.1	0.4
锚碇混凝土	24.5	25	0.22

根据现场试验的锚碇拉拔力的分级施加情况,确定了按照实际情况分步逐级进行计算。由前锚面及中隔墩(锚体间岩体)传感器的埋设位置及相应的位移监测资料,作为反演、对比的目标测点。

5.4.2　岩体弹塑性参数反演结果

1)样本构造

构造原理和方法同上,采用均匀设计方法,在待反演参数取值区间内(表5.14)将5个参数分成4个样本水平,然后均匀设计16组训练样本试验组合方案。

表 5.14　待反演强度参数样本水平

岩体抗拉强度	岩体强度参数		软弱夹层强度参数	
R_t/MPa	c/MPa	φ/(°)	c/MPa	φ/(°)
0.04 ~ 0.10	0.15 ~ 0.30	30 ~ 36	0.06 ~ 0.24	18 ~ 30

2) 岩体弹塑性参数反演结果

应用 LSSVM 和 PSO 模型建立的 16 组样本输入和计算位移输出之间的非线性映射关系。在此基础上采用粒子群算法进行全局寻优,在位移目标函数最小的条件下得到弹塑性参数的最优解,结果见表 5.15。反演参数量值在工程岩体分级标准 V 类围岩建议参数范围内,符合以往工程经验,但相比现场试验结果小。一方面是因为模型锚超载拉拔不同于现场试验压剪受力条件,另一方面模型锚岩体尺寸较大,结构效应影响更显著。

表 5.15　反演的岩体力学参数成果

材料	强度参数		抗拉强度
	φ/(°)	c/MPa	R_t/MPa
锚碇围岩体	34	0.25	0.08
软弱夹层	22	0.06	0

将最优参数赋入正向计算模型中进行计算,得到地表变形测点现场实测位移-荷载曲线与计算结果对比图,如图 5.18 所示。由图中监测点的实测与计算位移的对比可以看出,两者在量值上相当,变形趋势上也基本相同,表明所确定的锚碇围岩体的弹塑性参数基本合理。

图 5.19 展示了不同级别荷载下的隧道式锚碇数值模型的塑性区发展过程。由图可见,锚碇受力后,最先发生塑性屈服破坏的位置为隧道式锚碇后端。在隧道式锚碇数值模型所承受的荷载水平较小时,隧道式锚碇及其周边岩体整体处于弹性工作状态,仅有极少部分的锚塞体后端周边岩体发生塑性屈服。当

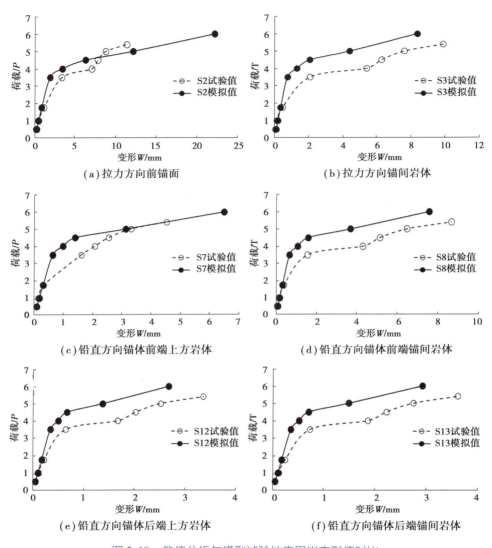

（a）拉力方向前锚面

（b）拉力方向锚间岩体

（c）铅直方向锚体前端上方岩体

（d）铅直方向锚体前端锚间岩体

（e）铅直方向锚体后端上方岩体

（f）铅直方向锚体后端锚间岩体

图 5.18　数值分析与模型试验地表围岩变形值对比

荷载增加到 3.5P 时，后锚室顶部的岩体屈服范围增加，并表现出斜向上扩展的趋势，主要是受拉屈服。后锚室下部岩体屈服扩展至软弱夹层处，同时，在锚塞体下部的锚-岩接触面部位也有极少量的塑性区出现。当荷载增加到 4.0P 时，上方的地表围岩出现了少部分的受拉屈服，同时在前锚室部位有围岩屈服破坏；而锚塞体下部的软弱夹层，沿受力方向，也开始出现剪切屈服区域。当荷载继续再增加时,软弱夹层的塑性破坏由剪切屈服逐渐向拉剪屈服发展,并且受拉屈服所占的比重越来越大,由此可见,该类型隧道式锚碇下方的软弱夹层的破坏是一种拉剪复合作用的结果。随着作用荷载的继续增大,后锚室上方的岩体塑性区继续斜向上扩展,地表处的岩体塑性区也向下扩展,最终与后锚室处开始破坏的岩体塑性区贯通。另外,通过观察可知,在作用荷载较低(<1.75P)时,两个锚塞体周围岩体的塑性区有各自的分布范围,互相不干扰,而当作用荷载相对较大(≥3.5P)后,两个锚塞体周围岩体的塑性区开始相互重叠,并趋向于构成共同的塑性区,而且作用荷载越大,这种趋势就越明显,由此可断定,随着作用荷载的逐渐增加,隧道式锚碇的两个锚塞体之间的相互影响效应也越显著。

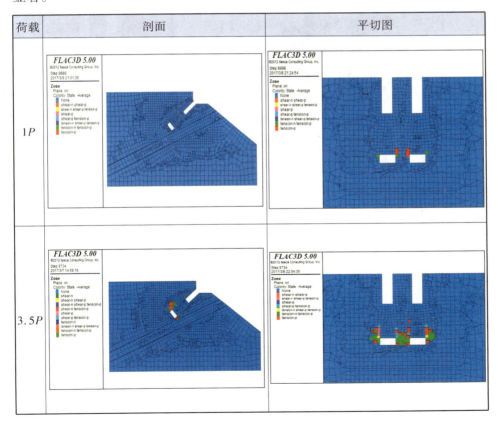

荷载	剖面	平切图
4.5P	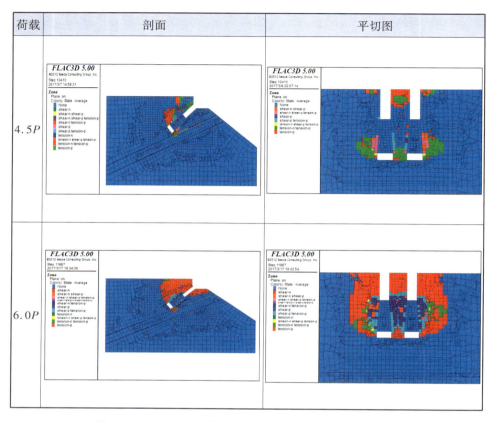	
6.0P		

图 5.19　不同级别荷载下的隧道式锚碇数值模型的塑性区

整体上,整个隧道式锚碇的破坏模式表现为锚塞体上方的岩体从后锚室处沿一定角度斜向上破坏直至贯通到地表,锚塞体下方的岩体主要沿着软弱夹层破坏,夹层处主要表现为受拉破坏或者拉剪复合破坏。而从锚塞体侧面看,围岩从后锚室处斜向外破坏,最终破坏区域类似倒梯形,同时锚间岩体基本完全破坏。最终的破坏塑性区分布图如图 5.20 所示。

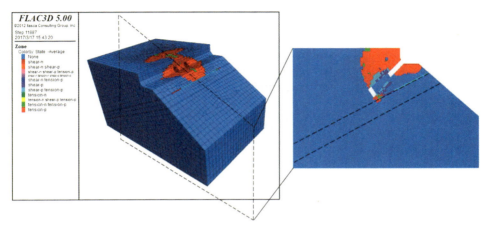

图 5.20　含软弱夹层浅埋软岩隧道式锚碇最终破坏塑性区

5.4.3　模型锚围岩蠕变参数反演

1)蠕变模型及样本构造

蠕变模型同上,符合伯格斯蠕变模型。采用均匀设计方法,在待反演参数取值区间内(表 5.16)将 4 个参数分成 4 个样本水平,然后均匀设计 16 组训练样本试验组合方案。

表 5.16　样本水平

E_k/GPa	E_m/GPa	$\eta_k/(GPa \cdot h)$	$\eta_m/(GPa \cdot h)$
0.1 ~ 1.0	0.2 ~ 1.0	100 ~ 1 000	$0.1e^5 ~ 1e^5$

2)反演结果

应用 LSSVM 和 PSO 分析模型建立 16 组样本输入和计算位移输出之间的非线性映射关系。在此基础上采用粒子群算法进行全局寻优,在位移目标函数最小的条件下得到锚碇围岩体蠕变参数的最优解,结果见表 5.17。最后,将最优参数赋入正向计算模型中进行计算,得到几个多点位移计的典型测点位移与现场实测位移值对比如图 5.21 所示。可见数值模拟结果与实测曲线相近。

表 5.17   蠕变参数反演结果

岩体	E_k/GPa	E_m/GPa	η_k/(GPa · h)	η_m/(GPa · h)
泥岩	0.1	0.36	130	$0.94e^5$

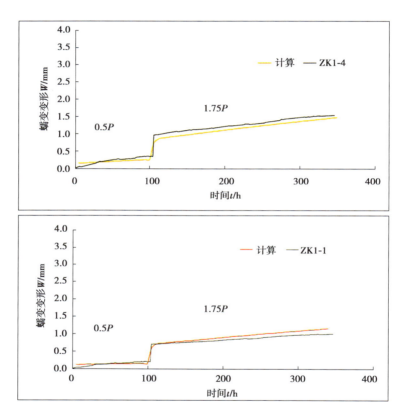

图 5.21   模型锚蠕变位移计算值与实测值对比

5.5　本章小结

　　本章采用基于 LSSVM 和 PSO 分析模型的锚址区岩体弹塑性参数和蠕变参数的反演方法,依据缩尺模型试验结果,通过反演参数的正向数值计算验证了锚址区岩体参数确定方法的合理性,主要结论如下:

　　①基于均匀设计方法构造参数组,利用 MATLAB 中的 LSSVM 和 PSO 分析模型并借助于 FLAC 3D 数值方法正算,通过与模型试验结果对比,反演获得了较为真实地反映软岩隧道式锚碇模型锚实际受荷情况的岩体、软弱夹层的弹塑性力学参数和蠕变参数。反演结果显示,软岩(泥岩或砂质泥岩)及软弱夹层的弹塑性本构模型符合摩尔-库仑弹塑性模型,反演的力学参数低于现场试验结果,但模型锚岩体受力条件接近实际,且一定程度上反映岩体尺寸效应和结构效应,因此更为合理。蠕变模型基本符合伯格斯模型。

　　②模型锚变形变化规律数值模拟显示,在拉力方向,锚塞体前锚面变形最大,其次为锚间岩体,变形最小的为锚侧岩体;在铅直方向,不论是锚塞体前端还是锚塞体后端,锚间岩体的变形都是最大的,其次为锚塞体上方岩体,变形最小的同样也为锚侧岩体。同时,通过对比易发现,在相同的荷载作用下,锚塞体前端的铅直方向变形总体上大于锚塞体后端铅直方向变形。

第 6 章 软岩与复杂条件下隧道式锚碇稳定性的数值模拟

6.1 软岩隧道式锚碇稳定性的数值模拟

6.1.1 区域工程地质概况

实桥锚区域工程地质概况详见第 2 章 2.1 节。实桥隧道式锚碇位于斜坡上,地形坡角一般为 8°～11°,由于风化差异,泥岩风化多呈凹下低洼地带,砂岩多为凸起的小山包或陡坎,地形坡角一般为 15°～20°,地形相对较平缓。实体锚区地层主要由侏罗系上统遂宁组(J₃sn)的泥岩和砂岩互层地层组成,共分为 7 层,包括 4 层泥岩和 3 层砂岩,中等风化程度,砂岩占比很少,不到 10%,如图 6.1 所示。

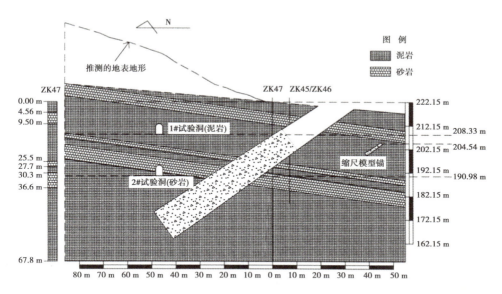

图 6.1　地质概化模型

6.1.2　软岩隧道式锚碇承载特性及稳定性分析

基于地质概化模型、隧道式锚碇岩体试验及反演参数,采用 FLAC 3D 软件构建实桥锚碇与周围岩体结构体系连续介质力学模型,进行岩体与锚碇之间相互作用的三维弹塑性数值模拟,分析锚碇结构和岩体变形机制以及可能的破坏模式,确定锚碇极限承载能力。

1)实桥锚碇数值分析模型

选取桥梁中心线为 x 轴,指向北为正;铅直方向为 z 轴,向上为正;y 轴与 x、z 轴构成右手坐标系。计算模型范围取为 415 m×200 m×240 m,x 轴取锚碇中心点前后各约 212 m,y 轴垂直桥梁中心线左右两边各取 100 m,z 轴从高程▽ 13 m 至地表,选取锚碇周边 180 m×100 m×100 m 范围内建立包含泥岩地层、结构面、锚碇、锚碇开挖损伤区(延伸范围为 1 m)的细化模型,如图 6.2 所示。

锚碇 FLAC 3D 分析模型和锚塞体模型图如图 6.3 所示。细化模型区域锚碇中心线铅直剖面如图 6.4 所示,模型包含前锚室、锚塞体、宽 1 m 开挖损伤

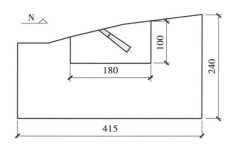

图 6.2　模型尺寸(单位: m)

区,以及 2 层厚砂岩地层底部与泥岩地层接触面、锚碇底部泥岩结构面共 3 组结构面,采用 1 m 宽度实体单元模拟。网格剖分规模约为 436 015 个四面体单元,节点总数为 74 032,细化模型区域网格尺寸为 1 ~ 4 m。

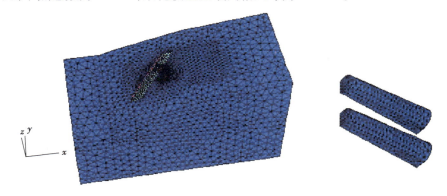

图 6.3　实桥锚碇计算模型

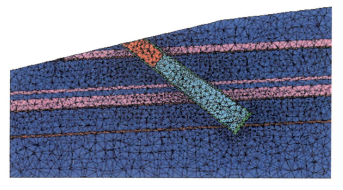

图 6.4　锚碇中心线铅直剖面图

2)计算步骤及力学参数

在数值分析模型中,首先模拟了锚碇隧洞的施工开挖与建造,然后模拟设计主缆荷载加载,最后进行超载模拟,主缆荷载通过面力施加在混凝土锚碇前端面,锚碇主缆单索设计荷载 P 为 108 MN。

前 2 个步骤均在地下水位(高程▽ 187 m)条件下进行,超载模拟采用两种地下水位计算工况,分别是地下水位(高程▽ 187 m),水库建成后正常蓄水位(高程▽ 197 m)。

岩体采用弹塑性 Mohr-Coulomb 本构模型。锚碇锚塞体混凝土材料采用线弹性模型。水位以上取天然状态参数,水位以下取饱和状态参数。水位下岩体和锚碇容重取为浮容重。具体计算参数结合试验研究建议的参数及反演参数,取值见表 6.1,开挖损伤区岩体参数为原岩参数的 70%。由于隧道式锚碇位于山体地表浅层,构造应力场的影响不明显,因此计算分析时仅考虑自重应力场的作用。

表 6.1　计算采用的岩体、混凝土基本力学参数

岩性	状态	重度 $\gamma/(\text{kN}\cdot\text{m}^{-3})$	变形模量 E /GPa	泊松比 μ	摩擦系数 f/ 内摩擦角/(°)	凝聚力 c/MPa	抗拉强度 R_t/MPa
泥 岩	天然	23.0	1.2	0.33	0.65/33	0.3	0.2
	饱和	——	1.0	0.33	0.60/31	0.2	0.1
锚碇 混凝土	——	24.5	25.0	0.22	——	——	——
结构面	天然	22.0	0.15	0.40	0.40/21.8	0.08	0
	饱和	——	0.10	0.40	0.35/19.3	0.05	0

3)开挖模拟结果

由图 6.5 和图 6.6 可知,锚碇隧洞施工开挖后,顶拱下沉和底板回弹,左右洞壁向洞内变形,从锚洞中间截面往后端部,随着截面尺寸增大,锚碇洞周岩体

变形逐渐增大,底板最大位移为 18.4 mm,顶拱和侧壁位移最大位移为 8 mm。

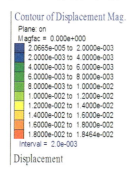
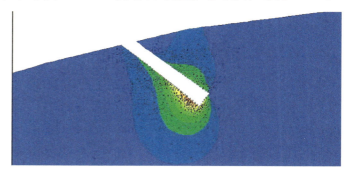

图 6.5　开挖完成后锚碇中心线铅直截面位移等色区和矢量图

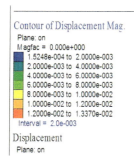
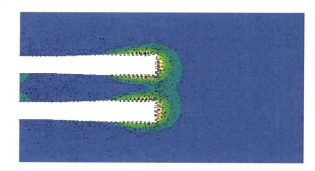

图 6.6　开挖完成后锚碇中心线平截面位移等色区和矢量图

由图 6.7 和图 6.8 可知,随着锚碇隧洞的开挖,锚洞周围岩体应力释放,一般径向应力为 0 ~ 0.25 MPa,切向压应力为 0.5 ~ 1 MPa,拉应力区很小。

图 6.7　开挖完成后锚碇中心线铅直截面最小主应力等色区图

图 6.8 开挖完成后锚碇中心线铅直截面最大主应力等色区图

由图 6.9 可知,从洞口至锚碇中部,锚碇隧洞开挖引起的塑性区主要出现在锚洞周边 1 m 范围岩体内;从锚洞中间截面往后端部,随着截面尺寸增大,锚洞侧壁岩体塑性区逐渐增大,延伸 2~6 m,净距较小处两洞室围岩塑性区贯通中隔墩岩体。

图 6.9 开挖完成后锚碇中心线铅直截面、平截面塑性区图

4)设计荷载模拟结果

锚洞开挖及锚塞体混凝土回填模拟完成后,将位移和塑性区清零,1P(单索荷载 108 MN)设计荷载主缆荷载通过面力施加在混凝土锚碇前端面,面力大小为 1.21 MPa。变形图 6.10、图 6.11 表明,施加主缆设计荷载后,锚碇以 x 向(桥梁轴向)水平变形为主,铅直方向上变形次之,垂直锚碇轴线方向水平位移分量最小,接近于零,最大合位移为 2.5 mm。锚碇周围岩体主要是沿锚碇拉力方向的滑移变位,位移等值线近似以锚碇中隔墩中心线为中心的鹅蛋形分布,最大合位移为 2 mm。

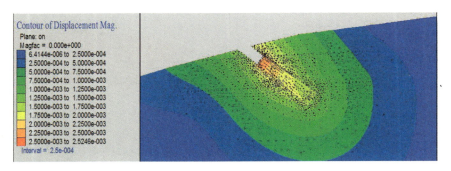

图 6.10　1P 加载后锚碇中心线铅直截面位移等色区和矢量图

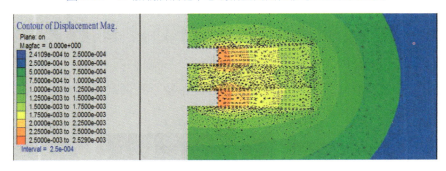

图 6.11　1P 加载后锚碇中心线平截面位移等色区和矢量图

由应力图 6.12—图 6.15 表明,当锚碇施加设计主缆力 1P 时,锚碇周围岩体受到锚碇的挤压力和剪切力作用而一般处于压剪应力状态,顶拱和底板围岩主压应力值变化不大,侧壁应力变化较大,主应力方向发生偏转,垂直侧壁最大主应力增大至 0.7 ~ 2 MPa,平行侧壁的最小主应力为 0 ~ 0.25 MPa,围岩拉应力区很小。在设计主缆荷载作用下,仅锚碇后端面附出现小范围的塑性区,说明锚碇周围岩体基本处于弹性工作状态,总体受力状态良好,如图 6.16 所示。

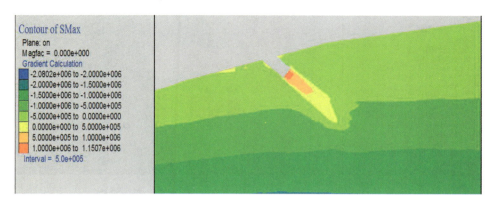

图 6.12   1P 加载后锚碇中心线铅直截面最小主应力等色区图

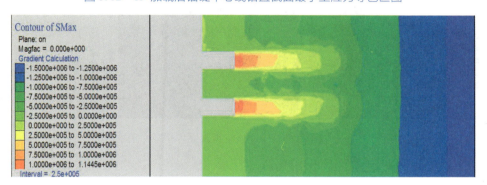

图 6.13   1P 加载后锚碇中心线平截面最小主应力等色区图

图 6.14   1P 加载后锚碇中心线铅直截面最大主应力等色区图

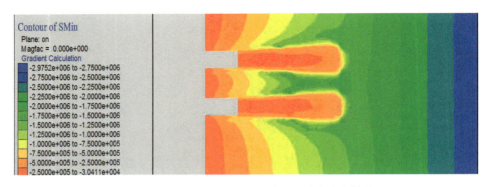

图6.15　1P加载后锚碇中心线平截面最大主应力等色区图

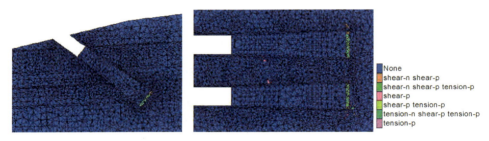

图6.16　1P加载后锚碇中心线铅直界面、平截面塑性区图

5) 超载模拟结果

主缆设计荷载1P加载结束后开始,分两种工况,即水位分别是▽187 m 和▽197 m 两种情况,逐级加载至19P,每级荷载2P。荷载-位移曲线图(图6.17)表明,两种工况下,主缆荷载7P是最大位移与荷载关系曲线的分界点,当主缆荷载小于7P时,锚碇最大合位移增加相对较缓慢;而当主缆荷载大于7P后,最大合位移明显加快。锚碇滑动引起的地表上抬相对较小,随荷载增加速率也较小,因此锚碇失稳首先是锚碇的滑移。

超载荷载作用下,锚碇周围岩体位移和变形分布规律与施加主缆设计荷载(1P)时相同,但锚碇位移随荷载增加而明显增大(图6.18—图6.20)。

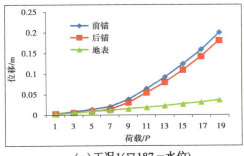
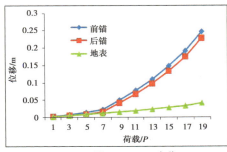

（a）工况1(▽187 m水位)　　　　（b）工况2(▽197 m水位)

图6.17　不同工况下荷载-位移曲线

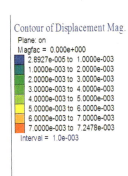
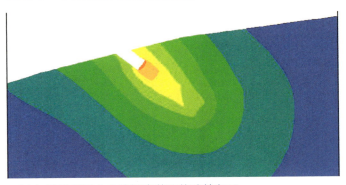

图6.18　3P加载后锚碇中心线铅直截面位移等色区

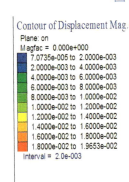
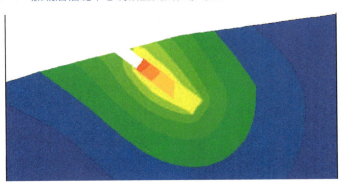

图6.19　7P加载后锚碇中心线铅直截面位移等色区

塑性区变化图(图6.21)表明,两种工况下,主缆荷载7P是塑性区体积与荷载关系曲线的分界点,当主缆荷载小于7P时,锚碇塑性区体积增加相对较缓慢;而当主缆荷载大于7P后,塑性区增速明显加快。这些规律与锚碇周围岩体位移随着主缆力增大而变化的规律相一致。

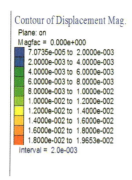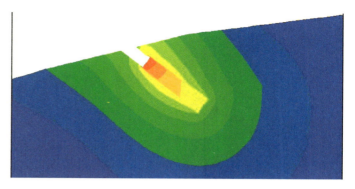

图 6.20 11P 加载后锚碇中心线铅直截面位移等色区图

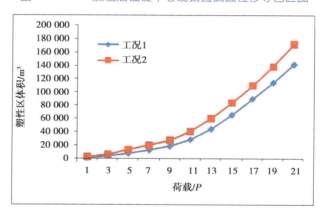

图 6.21 锚碇周围岩体塑性区体积随荷载变化曲线

逐级加载后,锚碇周围岩体塑性区首先从锚碇前端开挖损伤区开始,逐步向中部发展,至 7P 开挖损伤区塑性区贯通,随荷载增大从锚碇周围岩体向远处发展,逐渐贯通至地表,见表 6.2。

表 6.2 超载后锚碇周围岩体塑性区分布

荷载水平	铅直截面	平行锚碇轴线切面
3P 荷载时,锚口开挖损伤区出现塑性区		

续表

荷载水平	铅直截面	平行锚碇轴线切面
5P 荷载时,损伤区塑性区发展至中部		
7P 荷载时,损伤区塑性区贯通		
11P 荷载时,塑性区向锚碇顶拱和侧壁围岩扩散		
19P 塑性区沿锚碇顶拱和侧壁围岩贯通至地表		

6.1.3　实桥锚碇长期稳定性分析

对实桥锚碇周围岩体进行蠕变分析,主要是研究锚碇在运营阶段锚碇周围岩体蠕变趋势以及蠕变变形对围岩应力和塑性区的影响。因此,锚洞洞室开挖和锚碇混凝土回填只进行弹性模拟,主缆设计荷载(1P)拉拔模拟时进行蠕变计算,蠕变计算时间为 24 个月。

岩体蠕变模型采用伯格斯模型,水位以上采用 1∶10 模型锚试验反演参数,水位以下采用1:30泡水模型锚反演参数(表6.3),强度参数与承载特性分析过程中的参数相同。

在蠕变分析中,锚碇周围岩体变形包括因施加荷载产生的瞬时弹性变形及蠕变变形两部分,岩体每一计算步的位移矢量场都是这两部分位移叠加的结果,不包括锚碇开挖与建造后的位移,即蠕变计算之前的位移全部清零。

表6.3 岩体长期稳定性计算参数

岩性	状态	E_k/GPa	E_m/GPa	$\eta_k/(GPa \cdot h)$	$\eta_m/(GPa \cdot h)$
泥岩	水位以上	0.39	0.53	690	$0.94e^5$
	水位以下	0.30	0.37	700	$1.0\ e^5$

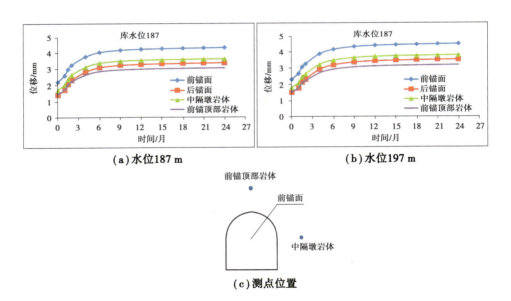

(a)水位187 m (b)水位197 m

(c)测点位置

图6.22 1P荷载作用下关键点蠕变位移-时间关系曲线

图6.22为1P蠕变荷载作用下关键节点位移与时间关系曲线。两种工况下蠕变位移规律基本一致,6个月内位移快速增加,随后6个月增速减小,并逐渐趋于稳定。水位▽187 m工况下,2年内锚碇位移由加载瞬时2.2 mm增长到达到4.3 mm左右;江水位▽197 m工况下,2年内锚碇位移由2.3 mm增长到

4.5 mm。1P 加载蠕变 24 个月后,锚碇周围岩体基本处于弹性状态,仅在锚碇前、后端面附近出现很小范围的塑性区。位移等色图如图 6.23 所示。综上所述,江水位升高 10 m 后隧道式锚碇长期稳定仍能达到要求。

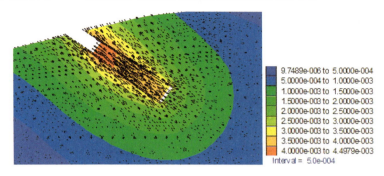

图 6.23　1P 加载 24 月后围岩位移等色图(江水位 197 m 工况)

6.2　含软弱面的隧道式锚碇稳定性的数值模拟

6.2.1　区域工程地质概况

某长江大桥为重庆某高速公路上的关键控制性工程,大桥设计全长 1 508 m,桥面设计标高▽ 278.65 ~ 273.97 m,纵坡 1.790% ~ −1.780%,单幅净宽 17.50 m,桥跨设置:4×40 m+808 m+2×120 m+3×30 m+3×30 m;主桥上部结构为单跨跨径为 808 m 的悬索桥,主缆矢跨比为 1∶10.5,主梁采用钢箱梁,加劲梁高为 3.0 m,吊索标准间距为 12 m;主塔采用钢筋混凝土门型塔,横系梁为预应力空心薄壁结构,塔基为承台桩基础。南岸引桥采用 40 m 预应力混凝土(后张)T 梁,先简支后连续;北岸引桥为 120+120 mT 型刚构和 30 m 预应力混凝土

T 梁。下部结构桥台采用 U 台,2、3、7 号桥墩采用空心墩,6 号墩采用双肢薄壁墩,其余桥墩采用柱式墩,桥台采用扩大基础,桥墩采用桩基础。桥梁跨越长江,桥梁设计荷载为公路—I 级,为特大型桥梁。桥址区附近均有乡村公路相邻,可修建道路连接,交通条件较为方便。

该大桥北岸锚碇为埋置式重力锚碇,南岸拟采用隧道式锚碇,锚塞体设计为前小后大的楔形体,前锚室纵向长度为 35 m,锚室纵向长度为 40 m,后锚室纵向长度为 0.38 m,锚塞体中轴线与水平线的倾角为 40°,最大埋深约为 60 m。横断面顶部采用圆弧形,侧壁和底部采用直线形,前锚面尺寸为 12 m×12 m,顶部圆弧半径为 6 m;后锚面尺寸为 18 m×19 m,顶部圆弧半径为 9 m。标准组合下,单个锚塞体所承受的主缆总荷载为 207MN。

拟建某长江大桥南岸主要为侏罗系中统沙溪庙组(J_2s-Ms)砂质泥岩,局部夹砂岩和泥质砂岩,属于软岩,中等风化程度,岩层产状 98°∠17°,岩体层位较厚,层位稳定,斜坡体未见崩塌、滑坡等不良地质现象,斜坡现状整体稳定。

拟建某长江大桥南岸隧道式锚碇所在部位岩体除存在第 1 章绪论中提到的软岩涉及的 3 个共性问题外,还存在以下独特问题:隧道式锚碇倾角为 40°,而岩层倾角在 17°左右,隧道式锚碇的拉力方向与层面之间的夹角较小(图 6.24);同时在岩层中存在软弱夹层,软弱夹层相比泥岩力学强度更弱,上述问题都不利于隧道式锚碇的稳定。软弱夹层主要存在于粉砂岩层中,呈透镜体状分布,厚度最小的为 10 余厘米,最大达 2.00 m,岩芯极软,手捻成粉末状,胶结差,遇水易软化。

6.2.2 含软弱结构面的隧道式锚碇承载特性与稳定性分析

1) 实桥锚碇数值分析模型

南岸隧道式锚碇碇锚塞体设计为前小后大的楔形,初步设计方案为纵向长度为 40 m,与水平线的倾角为 40°,最大埋深约 60 m,锚体中心间距 34 m。横断

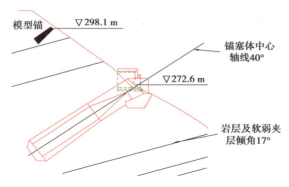

图6.24　某长江大桥隧道式锚碇倾角与岩层产状关系

面顶部采用圆弧形,侧壁和底部采用直线形,前锚面尺寸为 12 m×12 m,顶部圆弧半径为 6 m,后锚面尺寸为 18 m×19 m,顶部圆弧半径 9 m。标准组合下,锚碇主缆设计荷载 P 为 207 322 kN。

选取桥梁中心线为 x 轴,指向北岸(与隧道式锚碇碇体受拉力方向一致)为正;铅直方向为 z 轴,向上为正;y 轴与 x、z 轴构成右手坐标系,向西(河流上游)为正。x 向取锚室前后各约 150 m,y 向取垂直桥梁中心线左右各 100 m,z 向从高程▽130 m 至地表,建立隧道式锚碇 FLAC 3D 分析模型,如图6.25所示。模型包含砂质泥岩地层、前锚室、锚塞体、后锚室、宽 2 m 开挖损伤区以及 2 组层面(软弱结构面),层面采用 2 m 宽度实体单元模拟。网格剖分规模约为122 087 个四面体单元,节点总数为 21 731,模型区域网格尺寸为 2~3 m。因层面倾向与拉力方向夹角不大,模型采取近似模拟方法,使其倾向平行拉力方向,结果偏于保守。构造模型时利用两锚碇的对称性,只计算单锚碇以减少计算工作量。

2)计算步骤及力学参数

在数值分析模型中,首先模拟了锚碇上部山体开挖、锚碇隧道的施工开挖与建造,然后模拟设计主缆荷载加载,最后进行超载模拟,主缆荷载通过面力施加在混凝土锚碇前端面。由于隧道式锚碇碇位于山体地表浅层,构造应力场的影响不明显,因此计算分析时仅考虑自重应力场的作用。

图 6.25　实桥锚碇计算模型

岩体采用弹塑性 Mohr-Coulomb 本构模型,锚碇锚塞体混凝土材料采用线弹性模型。综合考虑岩石力学试验研究成果与模型锚岩体参数反演结果,计算参数见表 6.4。锚洞拱顶和边墙 2 m 范围考虑为开挖损伤区,其力学参数为砂质泥岩原岩参数的 70%。

表 6.4　计算采用的岩体与混凝土基本力学参数

岩石名称	重度 $\gamma/(kN \cdot m^{-3})$	变形模量 E/GPa	泊松比 μ	摩擦系数 f/内摩擦角(°)	凝聚力 c/MPa	抗拉强度 R_t/MPa
砂质泥岩	23.0	1.2	0.33	0.70/35.0	0.25	0.08
软弱夹层	22.0	0.1	0.4	0.44/23.7	0.07	0.0
混凝土	24.5	25	0.22	—	—	—

3)设计荷载(1P)模拟结果

隧道式锚碇开挖回填模拟完成后,将位移和塑性区清零,1P 主缆荷载通过面力施加在混凝土锚碇前端面,面力大小为 0.675 MPa。得到变形图(图 6.26)、塑性区图(图 6.27)。

由图 6.26、图 6.27 可知,施加主缆设计荷载后,隧道式锚碇围岩主要是沿锚碇拉力方向的滑移变位,位移等值线近似以锚碇中隔墩为中心的椭圆形(或鹅蛋形)分布,最大合位移为 3.6 mm。锚碇顶板和侧壁出现少量塑性区,底板

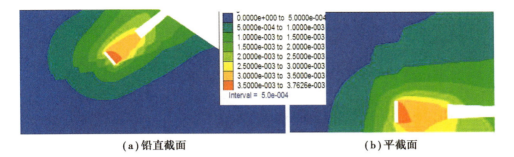

（a）铅直截面　　　　　　　　　　　　**（b）平截面**

图 6.26　1P 加载后锚碇中心线铅直截面、平截面位移等色区图

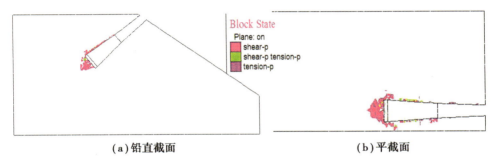

（a）铅直截面　　　　　　　　　　　　**（b）平截面**

图 6.27　1P 加载后锚碇中心线铅直截面、平截面塑性区分布

围岩基本处于弹性工作状态,锚碇处于弹性稳定状态。

4）超载模拟结果

主缆设计荷载 1P 加载结束后开始,逐级加载至 13P,每级荷载 1P~2P。锚碇超载-位移曲线如图 6.28 所示。由图可见,主缆荷载 5P 是最大位移与荷载关系曲线的分界点,在主缆荷载小于 5P 时,锚碇位移基本呈线性增大,之后最大合位移明显加快。

图 6.29 和图 6.30 分别为 5P、13P 超载时的位移分布图。图 6.31 和图 6.32 为 5P、13P 超载时的锚碇围塑性区分布图。由图 6.29—图 6.32 可见,当锚碇荷载大于 5P 后,锚碇位移比岩体位移显著增加,锚碇周边塑性区逐步贯通,表明锚碇逐步失稳破坏。

需要说明的是,模型锚试验的屈服强度为 3.5P(见第 4 章),上述实桥锚碇数值分析的屈服强度为 5P,勉强能满足规范的要求,但与类似工程比,安全裕

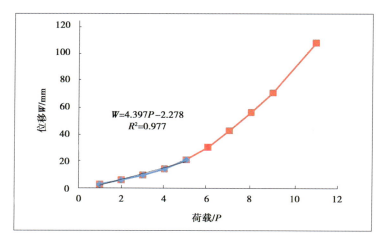

图 6.28　锚碇荷载-位移曲线

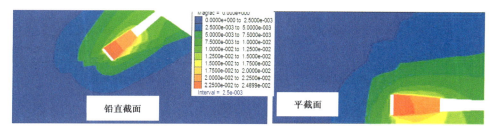

图 6.29　5P 加载后锚碇中心线铅直截面、平截面位移等色区图

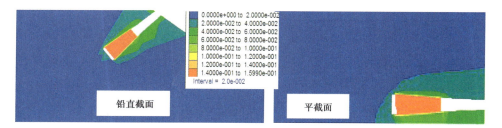

图 6.30　13P 加载后锚碇中心线铅直截面、平截面位移等色区图

度明显偏低。为了对锚塞体长度进行优化,采用前锚面和后锚面尺寸不变,锚塞体长度分别为 45 m、50 m 和 60 m 的数值分析(计算过程不再详述),计算结果表明,将锚塞体长度由 40 m 增至 60 m 后,隧道式锚碇的屈服强度(抗拔承载力)由 5P 增至 7P,因此,建议适当加长锚塞体长度。

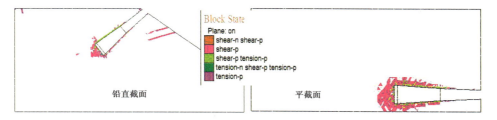

图 6.31　5P 加载后锚碇中心线铅直截面、平截面塑性区图

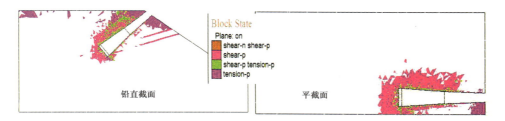

图 6.32　13P 加载后锚碇中心线铅直截面、平截面塑性区图

6.2.3　含软弱结构面的隧道式锚碇长期稳定性分析

对实桥隧道式锚碇系统进行蠕变分析,主要是研究锚碇在运营阶段隧道式锚碇围岩蠕变趋势以及蠕变变形对围岩应力和塑性区的影响,因此,锚洞洞室开挖和锚碇混凝土回填只进行弹性模拟,主缆设计荷载(1P)拉拔模拟时进行蠕变计算,相应的蠕变计算时间为 24 个月。

岩体蠕变模型采用伯格斯模型,蠕变参数采用 1:10 含软弱夹层模型锚试验的反演参数(见第 5 章),强度参数与弹塑性计算分析过程中的参数相同。

在蠕变分析中,隧道式锚碇碇围岩变形包括因施加荷载产生的瞬时弹性变形及蠕变变形两部分,围岩每一计算步的位移矢量场都是这两部分位移叠加的结果,不包括锚碇开挖与建造后的位移,即蠕变计算之前的位移全部清零。

图 6.33 为 1P 荷载作用下关键节点蠕变位移与时间关系曲线。由图 6.33 可知,瞬时变形为 2.77 mm,3 个月内位移增速较大,随后 3 个月增速减小,并于 6 个月后逐渐趋于稳定,6 个月最终蠕变变形量为 16.6 mm。

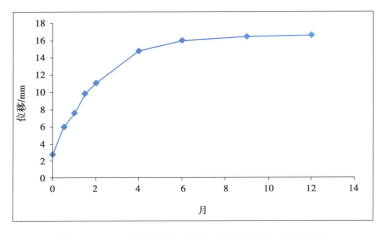

图 6.33　1P 荷载作用下关键点蠕变位移–时间曲线

6.3　本章小结

　　本章采用数值计算的方法对软岩隧道式锚碇在锚洞施工和承载过程中围岩的力学响应与稳定性进行了分析,同时研究了含水和含软弱面两种典型地质条件下软岩隧道式锚碇的承载变形特征,主要结论如下:

　　①隧道开挖后,锚碇洞周岩体变形随着截面尺寸增大逐渐增大,底板最大位移为 18.4 mm,顶拱和侧壁位移最大位移为 8 mm。隧道围岩应力释放后,径向应力为 0 ~ 0.25 MPa,切向压应力为 0.5 ~ 1 MPa。隧道开挖引起的塑性区具有分段性,从洞口至锚碇中部,塑性区主要出现在锚碇隧道周边 1 m 范围岩体内;从锚洞中间截面往后端部,侧壁塑性区延伸达到 2 ~ 6 m,净距较小处两洞室围岩塑性区贯通中隔墩(两锚塞体之间的岩体)。

　　②在设计荷载 1P 作用下,锚碇周围岩体变形为毫米级,锚碇周围岩体沿锚

碇拉力方向的最大位移为 2 mm。锚碇周围岩体受到锚碇的挤压力和剪切力作用而一般处于压剪应力状态,侧壁应力变化较大,径向垂直侧壁主应力增大,切向平行侧壁主应力降低。锚碇周围岩体基本处于弹性工作状态。锚碇系统失稳破坏首先从开挖损伤区剪切破坏开始,然后以锚碇底板开挖损伤区为底滑面,沿锚碇顶拱和侧壁围岩剪切破坏贯通至地表。

③含水软岩隧道式锚碇的抗拔安全系数随江河水位的升高而逐渐降低。设计荷载下无水、含水以及含软弱层的 3 类软岩隧道式锚碇均将产生一定的蠕变现象,但均属稳定型蠕变,并计算预测在加载 6 个月后趋于稳定。

④含软弱面的软岩隧道式锚碇的安全裕度偏低,通过三维数值分析,将锚塞体长度由 40 m 增至 60 m 后,隧道式锚碇的抗拔承载力由 5 P 增至 7 P,建议适当加长锚塞体长度。

第7章 隧道式锚碇缩尺模型试验典型案例

7.1 泸定大渡河特大桥隧道式锚碇缩尺模型试验

7.1.1 工程概况

泸定大渡河特大桥是雅康高速公路的控制性工程,是一座建在高海拔(1 617 m)、高地震烈度山区(9 度设防)、复杂风场环境下超大跨径单跨悬索桥。该大桥主跨 1 100 m 为四川第一大跨度桥梁;雅安岸隧道式锚碇全长 159 m(其中锚塞体长度 39.2 m),为世界第一长隧道式锚碇,单根缆索拉力 267 MN。

针对隧道式锚碇工程区域的蚀变二长花岗岩,开展了一系列工程岩体力学试验,内容包括岩体直剪试验、岩体变形试验、岩体与混凝土接触面直剪试验以及室内岩石物理力学性质试验等,以研究其物理力学特性。试验结果表明,岩块的饱和单轴抗压强度值为 15~30 MPa,属于较软岩。依据试验成果,提出了该工程岩体力学参数试验建议值见表7.1。

表 7.1　岩体物理力学参数试验建议值

岩石名称	参数	天然块体密度 /(g·cm⁻³)	泊松比 μ	变形模量 /GPa	抗拉强度 /MPa
蚀变二长花岗岩	试验值	2.61 ~ 2.70	0.24 ~ 0.25	0.95 ~ 5.39	2.5 ~ 3.9
	试验建议值	2.50 ~ 2.60	0.30 ~ 0.35	1.0 ~ 2.0	0.05 ~ 0.1
	参数	岩体抗剪强度		混凝土/岩体抗剪强度	
		f	c'/MPa	f	c'/MPa
	试验值	0.79 ~ 1.12	0.28 ~ 0.62	1.02 ~ 1.08	0.37 ~ 0.5
	试验建议值	0.70 ~ 0.80	0.35 ~ 0.45	0.65 ~ 0.75	0.30 ~ 0.40

在实桥隧道式锚碇、模型隧道式锚碇的开挖施工过程中,开展详细的地质描述并结合声波测试、室内实验等手段,对隧道式锚碇区域围岩地质特性展开调查。主要内容包括地层岩性、地质构造、岩体质量评价。最后对模型锚、试验平洞与实桥锚地质条件进行对比。对比结果表明:隧道式锚碇区域的围岩与模型锚处围岩岩体性质相同,但隧道式锚碇区域的围岩所受风化卸荷作用明显小于模型锚,坚硬程度略高于模型锚处。隧道式锚碇与模型锚、试验平洞围岩节理裂隙的倾角与倾向基本相似。相对于隧道式锚碇,模型锚内围岩节理更为发育,对整体稳定性影响更大。岩体基本质量指标见表7.2。通过以上对比,可以得到实桥隧道式锚碇围岩岩体质量优于模型锚,而试验平洞岩体质量在两者之间,符合总体试验要求。

表 7.2　岩体基本质量指标

位置	R_c/MPa	K_v	BQ 系数	质量分级
实桥锚碇	33.2	0.42	304.6	IV
模型锚	24.3	0.36	262.7	IV
试验平硐	28.5	0.39	283.0	IV

7.1.2 缩尺模型试验设计

1)模型锚碇设计与制作

模型锚碇设计是基于弹性力学的相似原理来实现的。根据相似原理,模型与原型应采用相同的材料制作,模型几何尺寸由原型结构尺寸按一定的比例缩小,当忽略体力相似时,模型与原型的参数之间关系同第 2.2.1 节式(2.1)—式(2.4),本模型几何相似比 C 为 10。

模型锚洞形状、倾向及倾角与实桥锚洞一致,结构几何尺寸按 1∶10 缩小。前锚面尺寸为 1.48 m×1.56 m,顶面圆弧半径为 0.74 m,底面圆弧半径为 0.92 m。后锚面尺寸为 1.77 m×1.90 m,顶面圆弧半径为 0.89 m,底面圆弧半径为 1.24 m。前锚室前后形状与前锚面一致,长度为 6.3 m;锚塞体长度为 3.92 m;后锚室前后形状与后锚面一致,长度为 0.6 m。结构形态及尺寸如图 7.1 和图 7.2 所示。

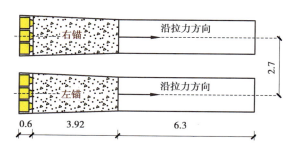

图 7.1 1:10 模型锚平面尺寸图(单位: m)

近年来,长江科学院在多个工程采用了后推法替代拉拔方法,通过对之前试验结果的综合分析和数值计算比较论证了两种方法对锚碇的破坏模式及变形基本一致,因此,本次试验同样采用后推法进行加载。后推法是将千斤顶布置在锚体后端,借助锚体后部岩体提供反力。

根据设计要求,标准组合下,单根主缆拉力 $2.67×10^5$ kN,则缩尺模型设计拉力(1P)为:2×267 000/100＝5 340 kN。为了使缩尺模型锚达到极限破坏,单

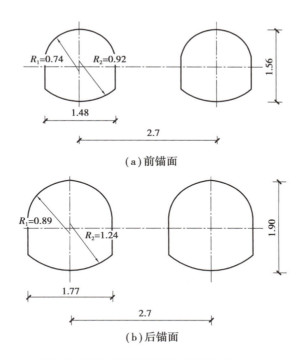

图 7.2　1:10 模型锚断面尺寸图(单位: m)

锚选用 10 台 3 000 kN 的千斤顶并联出力,试验时可以施加的最大荷载为设计荷载的 11 倍。

采用特殊制定的双作用千斤顶,最大行程 200 mm,最大工作压力 35 MPa,最大出力 3 000 kN。具体加载方案如下:

①采用分级加(卸)荷单循环方法进行,从零开始加载,分级施加,分别为 1.0P、3.5P、7.0P、8P、9P、…破坏(P 为 1 倍设计荷载,约为 5 340 kN,下同)。

②对 1P、3.5P 和 7P 荷载试验,每一级加载分 5 步进行,施加到相应压力后,按同样步数逐次退压至 0;对破坏加载试验,按 1P、3.5P、7P、8P、9P、…方式划分荷载步,施加到模型锚破坏压力或千斤顶最大出力后,缓慢匀速退压至 0。

③采用自动伺服系统加载,所有数据自动采集,每一步连续加载 5 ~ 10 min,深部变形观测传感器自动循环采集,采样间隔为 10 min(由于仪器数量多,需要 10 min 才能循环 1 次)。采用相对变形稳定标准,以拉力方向的前后锚面

测点的变形作为参考,每步稳定时间不少于 30 min,并在每 10 min 时对选定传感器进行判别,至达到变形稳定标准后加卸下级荷载。

④每级试验完成后休止 12 ~ 24 h 后进行下一级试验。

在完成 1.0P、3.5P、7.0P 三级载荷试验休止 12 ~ 24 h 后,分别进行对应荷载的蠕变试验,观测锚体及围岩的长期变形,研究围岩时效变形。蠕变试验时,采样间隔全部为 10 min,加载历时不少于 5 d,直至变形基本稳定在±3 μm 后终止试验。

在完成模型锚 1P、3.5P 和 7P 大循环荷载试验和对应的蠕变试验后,载荷试验计划按 1P、2.25P、3.5P、5.25P、7P、8P、9P、…的加载步序加载至破坏或加载设备最大出力为止,实际试验加载到 7.8P 后,后锚室部位围岩发生局部破坏,后座达到承载力极限,变形量大,无法再继续加载,模型锚地表及前锚室尚未见到裂隙。荷载加卸载历时曲线如图 7.3 所示。

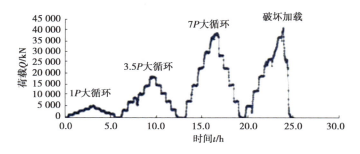

图 7.3　载荷试验加卸载全过程曲线

2)锚碇和围岩变形与应力测试方案

岩体深部变形采用多点位移计进行监测,具体为:沿拉力方向布置 2 个钻孔,在模型锚铅直方向布置 2 个铅直钻孔,钻孔布置如图 7.4 和图 7.5 所示。

在模型锚碇地表上布置 2 个铅直方向钻孔,用测斜仪监测围岩在载荷状态下的变形量,钻孔布置如图 7.5 所示。

在每个模型锚混凝土与围岩接触面之间布置 6 只位错计,分 3 个断面,分别布置在锚体的上下壁和侧壁上,具体位置如图 7.6(a)所示。

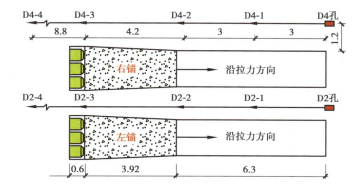

图 7.4　沿拉力方向多点位移计布置示意图(单位：m)

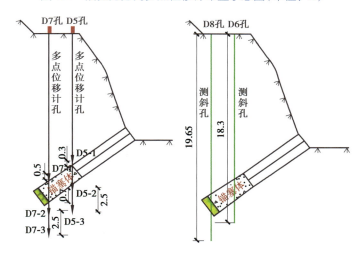

图 7.5　沿铅直方向多点位移计、测斜孔布置示意图(单位：m)

在每个模型锚混凝土内布置 4 只应变计,共布置 8 只应变计。具体位置如图 7.6(b)所示。

7.1.3　缩尺模型试验结果

载荷试验典型变形曲线如图 7.7 所示。$1P$ 荷载下,锚碇体平均变形为 0.40 mm,围岩变形(拉力方向和铅直方向)都小于 0.25 mm,锚体与围岩之间错动最大为 0.10 mm;$3.5P$ 荷载下,锚碇体平均变形为 2.19 mm,围岩变形(拉力方

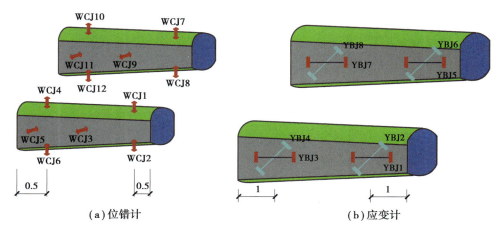

(a)位错计　　　　　　　　　　　(b)应变计

图7.6　位错计和应变计布置示意图(单位：m)

向和铅直方向)都在 0.21 ~ 1.86 mm,锚体与围岩最大错动 0.37 mm;7 P 荷载下,锚碇体平均变形为 5.82 mm,围岩变形(拉力方向和铅直方向)都在 -0.42 ~ 6.59 mm,锚体与围岩最大错动 0.77 mm。

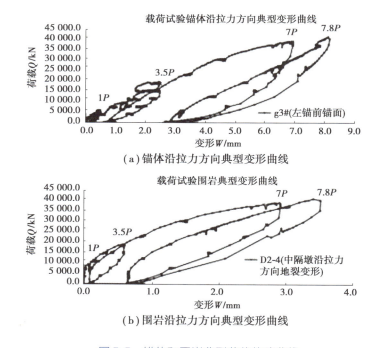

(a)锚体沿拉力方向典型变形曲线

(b)围岩沿拉力方向典型变形曲线

图7.7　锚体和围岩典型荷载位移曲线

图 7.8 为 7.80P 荷载下,锚间岩体(中隔墩)测斜结果。由图 7.8 可知:荷载加载到 7.8P 荷载后,D8 测斜孔锚体上方围岩沿拉力方向的水平投影方向错动变形,最大水平错动变形量为 4.74 mm;锚体下方的围岩受千斤顶反力的影响向后变形,最大变形量为 4.58 mm;但沿拉力方向的水平投影方向的变形比向后的变形更大,表明千斤顶后座的承载力比锚体与围岩系统的强度更高;左右锚体和锚间中隔墩沿拉力方向都发生了较大的变形,表明来自后部的千斤顶推力对锚体和围岩沿拉力方向的变形起到作用。

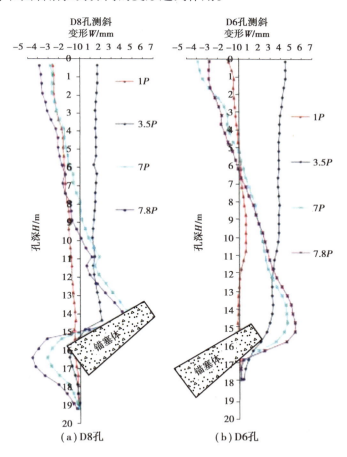

图 7.8　不同荷载下钻孔测斜位移与孔深曲线

锚体拉力方向载荷与变形关系如图 7.9 所示。加载到 7.80P 载荷的过程中,左右锚体沿拉力方向经历了比例弹性阶段和塑性屈服阶段;在 5.25P 载荷前后,锚体前端变形出现明显的拐点,锚体变形由比例阶段进入塑性屈服阶段;在 5.25P 到最大加载载荷 7.80P 时,锚体仍处于塑性阶段,还未达到强度峰值点,进入整体破坏阶段。可见,锚体沿拉力方向的屈服载荷特征点为 5.25P。

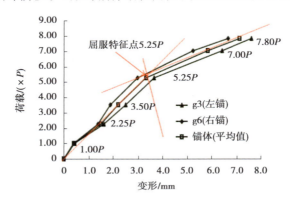

图 7.9 锚体拉力方向、载荷与变形关系

蠕变试验加载全过程曲线如图 7.10 所示,7P 荷载下蠕变试验典型测点蠕变阶段如图 7.11 所示。1P 荷载下,锚碇体沿拉力方向蠕变最大,蠕变变形量为 0.62 mm,相当于瞬时变形试验的 1.5 倍;在 3.5P 荷载下,锚碇体沿拉力方向蠕变最大,蠕变变形量为 0.97 mm,相当于瞬时变形试验的 0.49 倍;在 7P 荷载下,锚碇体沿拉力方向蠕变最大,蠕变变形量为 1.58 mm,相当于瞬时变形试验的 0.28 倍。可见,在 1P、3.5P 和 7P 荷载下,锚碇体沿拉力方向蠕变变形量随荷载级数的增大而增大,同时由于随着荷载级数的增大,岩体的塑性变形逐渐增大,瞬时变形呈现非线性地增大,导致蠕变变形与瞬时变形的比值随荷载级数的增大而减小。锚碇、围岩和锚碇与围岩位错的蠕变都经历了减速蠕变阶段后趋于稳定,在 1P、3.5P 和 7P 荷载下属于衰减型蠕变。

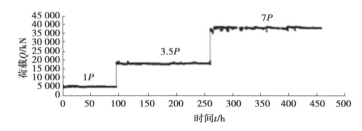

图7.10　蠕变试验加载稳压全过程曲线

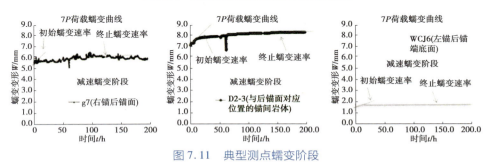

图7.11　典型测点蠕变阶段

7.2　伍家岗大桥隧道式锚碇缩尺模型试验

7.2.1　工程概况

宜昌伍家岗长江大桥主桥为主跨1 160 m的正交异性钢桥面板钢箱梁悬索桥,桥宽31.5 m。根据桥位地质条件,大桥江南侧采用重力式锚碇方案;江北侧采用隧道式锚碇方案,将锚塞体锚固于基岩低丘山体内。大桥江北侧隧道式锚碇布置于伍临路北东侧低丘山体内,山顶地面高程+90.5～+91.5 m,山体总体呈近南北向展布,长约230 m、宽60～130 m,地形坡角15°～20°,其西、北两侧为陡坎地形,坎高11～16 m。隧道式锚碇场地地表零星分布第四系残坡积层

（Q₄edl），厚度一般小于 1 m，主要为灰黄色含砾粉土。基岩为白垩系上统罗镜滩组（K_2l^1）杂色中厚至巨厚层状砾岩、夹砂砾岩或含砾砂岩及砂岩；在隧道式锚碇工程涉及范围内按岩性组合情况自下而上可分 3 段：第 1 段（K_2l^1）、第 2 段（K_2l^2）、第 3 段（K_2l^3）。伍家岗长江大桥江北侧隧道式锚碇布置如图 7.12 所示。

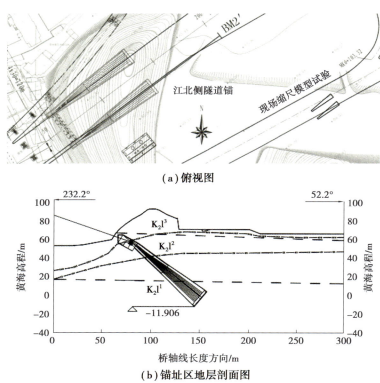

（a）俯视图

（b）锚址区地层剖面图

图 7.12　伍家岗大桥江北侧隧道式锚碇

隧道式锚碇锚塞体设置于 K_2l^1 岩层中，K_2l^1 岩层中的微新砾岩试样天然状态下单轴抗压强度值为 19.1～38.6 MPa，平均值为 29.7 MPa；变形模量为 5.68～10.9 GPa，平均值为 7.6 GPa；弹性模量为 8.42～13.5 GPa，平均值为 11.8 GPa；泊松比为 0.24～0.26，平均值为 0.25；抗拉强度为 0.47～3.21 MPa，平均值为 1.01 MPa。砾岩试样饱和状态下单轴抗压强度值为 12.8～26.7 MPa，平均值为 17.4 MPa;变形模量为 1.34 ~ 7.91 GPa,平均值为 5.68 GPa;弹性模量为 2.95 ~ 12.1 GPa,平均值为 5.68 GPa;泊松比为 0.25 ~ 0.28,平均值为 0.27。砾岩试样软化系数为 0.59,饱和单轴抗压强度均值为 15 ~ 30 MPa,该砾岩属软岩。

隧道式锚碇处地层总体近水平,岩体内构造不发育、未见断层和裂隙,地层倾角 4° ~ 7°,产状倾向 SE125° ~ 143°。隧道式锚碇部位强风化岩体厚 9 ~ 19 m,下限随地形变化、高程+50 ~ +80 m;中等风化岩体厚 13 ~ 30 m,下限总体随地形变化、高程+40 ~ +58 m。地下水主要受大气降水补给,无统一的自由水面,主要以裂隙水的形式赋存于局部风化裂隙稍发育的强风化岩体中,水量小。

7.2.2　缩尺模型试验设计

1)隧道式锚碇模型的制作

按 1∶12 的缩尺比制作大桥隧道式锚碇模型。模型锚洞最大埋深 6.66 m。两个模型锚洞轴线间的距离为 2.54 m。模型锚洞分为前锚室、锚室和后锚室,均为前小后大的楔形,前锚室长 2.4 m,锚室长 3.75 m,后锚室长 1.0 m。模型锚洞横断面顶部采用圆弧形,侧壁和底部采用直线形,前锚面尺寸为 1 m×0.8 m,顶部圆弧半径为 0.4;后锚面尺寸为 1.67 m×1.33 m,顶部圆弧半径为 0.66 m;洞底面尺寸为 1.7 m×1.5 m,顶部圆弧半径为 0.75 m。隧道式锚碇模型结构如图 7.13 所示。

试验加载采用后推法,采用千斤顶加载。根据模型制作比例,缩尺模型设计拉力 $P_{缩}$ 为 152 t。锚洞开挖完成后,在后锚室安装 8 个 300 t 千斤顶,最大荷载可达 2 000 t,试验最大荷载为设计荷载的 13 倍。为了监测试验过程中锚塞体围岩、锚塞体以及锚塞体与围岩接触部位的变形及破坏特征,在锚塞体周围岩体中设置 3 个多点位移计孔、4 个滑动测微计孔、2 个测斜孔进行围岩变形量监测;在锚塞体中布设了 12 个应变计监测锚塞体的应变规律;在锚塞体与围岩接触面布置了 12 个位错计监测锚塞体与围岩的相对变形。

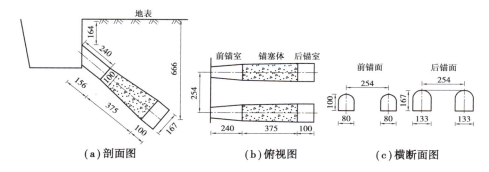

图 7.13　隧道式锚碇模型结构示意图(单位：cm)

2)加载方案

试验加载分为设计载荷试验、超载试验及破坏试验 3 个流程。

(1)设计载荷试验流程

试验采用分级加(卸)荷单循环方法进行,从 0 开始加载,按 $0.2P_缩$、$0.4P_缩$、$0.6P_缩$、$0.8P_缩$ 及 $1.0P_缩$ 分 5 级加至 $1.0P_缩$,随后分 5 级卸载至 0。稳定标准为荷载施加到指定值后立即读数,之后每隔 10 min 读数 1 次,连续 2 次的变形量相差小于 0.002 mm 时,认为该级荷载时的变形量已稳定,可加(卸)下一级荷载,卸载过程的读数方法与加载过程相同。分级加载至 $1P_缩$ 荷载后保持该荷载不变,分别在 5,10,15,20,25,30 min,及 1,2,4,8,16,24 h 时测读所有仪器的读数,24 h 后每日定时读数 2 次,加载历时不少于 5 d。若每 24 h 2 次读数相差不大于 0.002 mm,则可判定为流变稳定。

(2)超载试验流程

采用分级加(卸)荷大循环方法,分别进行 $3.5P_缩$、$7P_缩$ 超载试验各 1 次。载荷分 5~7 级(每 0.5P 为 1 个加载分级)施加,每级稳定 20 min 且 2 次读数差不大于 0.002 mm,然后分 5~7 级卸载至 0。分别在 $3.5P_缩$ 和 $7P_缩$ 荷载时进行流变观测,观测时间及稳定标准与设计荷载的流变试验相同。

（3）破坏试验流程

在完成 $7P_缩$ 超载试验后进行破坏试验。破坏试验中按 $1P_缩$ 级差分级加载,直至千斤顶的最大荷载或破坏。若在其中某级破坏,应使锚塞体位移达到最大荷载前一级荷载对应变形量的 2 倍以上;若至千斤顶的最大荷载仍不能破坏,则终止加载,并分为 5 级卸载至 0。

7.2.3　缩尺模型锚试验结果

左、右锚塞体与其间的中隔墩岩体变形量监测结果如图 7.14 所示。由图 7.14 可知:在分级施加荷载至 $3P_缩$ 荷载过程中,左、右锚塞体呈现出相同的变形规律,并且变形量也相差不大;左、右锚塞体在 $8P_缩$ 荷载作用下,后锚面的变形曲线出现明显拐点。左、右锚塞体之间的隔墩岩体变形量逐渐增大,$8P_缩$ 荷载作用下隔墩岩体掌子面部位变形量为 0.33 mm,前锚面部位变形量为 0.528 mm;在超过 $8P_缩$ 荷载后,隔墩岩体掌子面和前锚面部位岩体变形量均明显增大,$13P_缩$ 荷载时,隔墩岩体掌子面部位变形量为 1.98 mm,前锚面部位变形量为 2.76 mm。

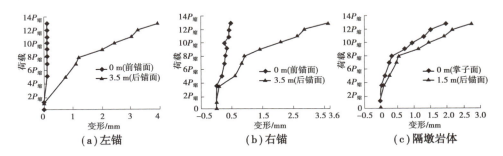

图 7.14　左、右锚塞体与其间的隔墩岩体变形量监测结果

在现场缩尺模型设计载荷试验、超载试验及破坏试验过程中,对锚塞体变形量、内部应变及在锚塞体后部、中部和前部的位错等流变试验指标进行了测试,测得锚塞体后锚面变形-时间曲线,如图 7.15 所示。由图 7.15 可知:在 $1P_缩$、$3.5P_缩$、$7P_缩$ 荷载时,锚塞体变形及流变特征均不明显,锚塞体内部应变、

锚塞体与围岩相对变形及左、右锚塞体之间隔墩岩体流变变形具有一定的流变特征,但流变变形不明显。

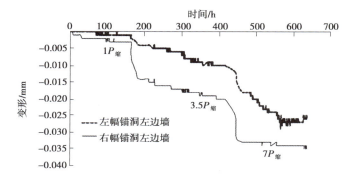

图 7.15　锚塞体后锚面变形-时间曲线

7.3　坝陵河大桥隧道式锚碇缩尺模型试验

7.3.1　工程概况

坝陵河悬索桥西锚碇区位于坝陵河西岸斜坡中上部,地势相对较陡,地形坡度为 30°~50°。地层岩性为三叠系中统竹杆坡组一段(T_2z_1)的灰岩和杨柳井组(T_2y)的白云岩及白云质灰岩,两套岩层均为硬质岩。岩层倾向与坡向接近,为顺向坡。岩层倾角 75°~90°,局部出现波状起伏。岩体完整性浅部较差,深部较好。浅部泥晶灰岩和白云岩及白云质灰岩均以弱风化为主,由于岩层陡倾,受重力作用,浅部层面多呈张性,岩溶沿面发育,层间普遍夹 5~20 cm 红黏土及少量岩石残块。表 7.3 给出了锚碇区岩体物理力学参数。

西锚碇由 2 个隧道式锚碇组成。隧道轴线长度为 74.34 m,其中前锚室轴线长度 31.34 m,锚塞体轴线长度 40 m,后锚室轴线长度 3 m。垂直最大深度约 95 m,后端部总宽 49 m。隧道口单洞断面尺寸为 10 m×10.8 m,顶拱半径 5 m;洞底单洞断面尺寸为 21 m×25 m,顶拱半径 10.5 m。左右隧道最小净距 7 m。

表 7.3　围岩体物理力学参数

参数	密度 /(g·cm⁻³)	抗剪(断)强度		变形模量 /GPa	泊松比 μ	抗拉强度 /MPa
		φ/(°)	c/MPa			
弱风化泥晶灰岩	2.6	33	0.47	2~5	0.35	0.2
弱风化白云岩	2.63	35	0.48	3~6	0.3	0.3
微风化泥晶灰岩	2.65	39	0.7	4~13	0.3	0.3
微风化白云岩	2.68	40	0.8	4~13	0.28	0.4
夹　层	1.9	16.7	0.05	0.05	0.45	0

7.3.2　缩尺模型锚试验设计

1)相似性原理

对于相似力学系统,各对应的基本物理量必须满足几何相似、运动相似和动力相似。模型试验的地质条件与原型条件完全一致。现场缩尺模型在几何形状上与真实锚塞体完全相似。实际缆索荷载通过转换装置施加在锚塞体底面,模型试验采用千斤顶后推法加载,其受力特征相似。模型试验在边界条件、应力和变形上满足相似性原则要求。

2)缩尺模型设计

为研究锚塞体在不同质量围岩情况下的受力变形特性,试验模型分别按锚塞体实际尺寸的 1/30 和 1/20 缩小,锚塞体单索的设计荷载为 300 MN。1/30 锚塞体模型布置在 2 号探硐的 1 号试验支硐和 2 号试验支硐之间的岩体内,岩石新鲜,完整性好。1/20 锚塞体模型布置在 2 号探硐的 3 号试验支硐和 4 号试验支硐之间的岩体内,岩体较破碎,完整性较差,夹泥层较多,夹泥厚 1~2 cm。

锚塞体中心轴线仰角为 45°,底面仰角为 53°,顶部仰角为 37°,两侧壁以 8°向中心线收敛。锚塞体模型洞的开挖采用光面爆破的方法,半孔残留率大于 90%。锚塞体采用 C40 混凝土,总的配筋要求是:后锚面为 2 层直径 12 mm、间距 10 cm×10 cm 的钢筋网;沿锚塞体环向与轴线方向均布置直径 12 mm、间距 10 cm 的钢筋,制作成钢筋笼,使锚塞体强度基本与设计的锚碇强度相同。图 7.16 为锚塞体模型平面布置图。

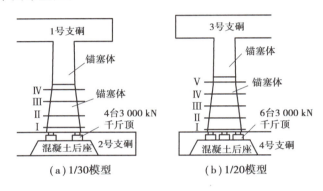

图 7.16　锚塞体模型平面布置图

3)加压及测试系统

为真实模拟隧道式锚碇的实际受力状态,试验采用后推法进行加载。将传力钢板浇注在锚塞体模型的后部,然后安装千斤顶,使用的千斤顶规格、型号都相同,其率定曲线基本吻合,从而保证千斤顶出力的均匀性。在 1/20 的锚塞体模型后部钢板上安装 6 台 3 000 kN 千斤顶,在 1/30 的锚塞体模型后部钢板上安装 4 台 3 000 kN 千斤顶时,千斤顶合力方向与锚塞体轴线方向一致,且合力作用点在钢板的形心上,然后将每台千斤顶加荷及卸荷的油路分别并联,再将油路连接在 1 台油泵上,控制加压系统的加荷及卸荷。

测试系统分为压力测试、应变测试、位移测试 3 个部分。压力测试采用精密压力表量测。锚塞体内的应变测试元件为内埋混凝土应变计,在缩尺比例为 1/20 和 1/30 的锚塞体模型内分别安装了 23 个和 19 个混凝土内埋式电阻应变计,将应变计按不同方向绑扎在锚塞体内的钢筋上,可测试锚塞体的不同部位在不同荷载作用下的应变值,并可计算出相应的应力值。为了测试锚塞体及围岩在不同荷载下的绝对位移,在锚塞体的前部、后部分别安装槽钢作为基准梁,试验时在基准梁上安装千分表。图 7.17 为锚塞体模型后部测点布置示意图。锚塞体和围岩表面的位移采用数显千分表进行测量。

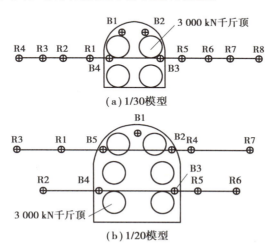

(a) 1/30模型

(b) 1/20模型

图 7.17　锚塞体模型后部测表布置

加载时荷载分 8 ~ 10 级,在位移量明显增大或接近满荷载时,适当增加荷载分级。每级荷载施加完毕后,立即测读位移量,以后每间隔 5 min 测读 1 次,在位移量明显增大或接近满荷载时加密读数。连续 4 次测读出位移增量小于 0.01 mm 时,认为在该级荷载下的位移已达到稳定状态,则继续施加下一级荷载。1/20 和 1/30 锚塞体模型的最高试验荷载分别为 15 MN 和 10 MN,对应的最大应力值分别为 12.56 MPa 和 18.93 MPa。

7.3.3　缩尺模型试验结果

图 7.18 为锚塞体测点位移与加载应力关系曲线。加载过程中,除 1/20 模型的 B4 测点外,锚塞体测点位移与加载应力之间基本保持线性变化,且曲线斜率也基本保持相同,说明锚塞体后部混凝土以及混凝土与岩体接触面之间处于

弹性工作状态。图 7.18 还表明,锚塞体在卸载过程中应力和位移呈现一定程度的非线性关系,且卸载完成后还保留一定的残余变形量。该残余变形量与混凝土的非线性和锚塞体与岩体接触面之间存在的相对位移相关。

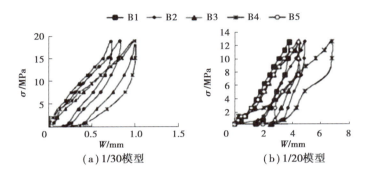

图 7.18　锚塞体位移与加载应力关系曲线

1/30 模型试验,围岩的完整性较好,其测点加载应力与位移关系曲线更趋近于线性关系,且位移绝对值相对较小;而 1/20 模型试验围岩完整性较差,相同加载应力条件下锚塞体的位移绝对值较大。1/30 模型试验中测点 B4 在最大应力 18.93 MPa 作用下的最大位移为 0.92 mm;1/20 模型试验中相同位置测点 B4 在最大应力 12.56 MPa 作用下的最大位移达到 6.73 mm,且加载应力与位移之间呈现明显的非线性关系。由此可见,岩体质量的好坏对锚塞体的位移变形影响巨大。这一结果提示在对锚塞体的实际受力形态进行分析时,应充分考虑不同部位岩体的差异对锚塞体位移变形的影响。

除岩体完整性较差的 1/20 模型中的 R5 测点外,其余岩体测点位移与加载应力之间基本保持线性变化(图 7.19)。锚塞体后部岩体在卸载过程中加载应力和位移也呈现一定程度的非线性关系,且卸载完成后也还保留一定的残余变形量,表明岩体的非线性应力变形特征较强。尽管测点 R1 ~ R4 与 R7 ~ R8 在几何空间位置上关于锚塞体对称布置,但由于岩体结构非均匀性,导致左右两侧位移值出现较大的差异。

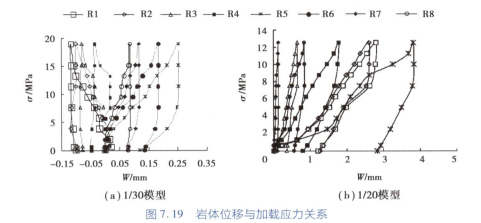

图 7.19　岩体位移与加载应力关系

7.4　开州湖特大桥隧道式锚碇缩尺模型试验

7.4.1　工程概况

　　开州湖特大桥桥长 1.25 km,位于贵州黔北山地,桥区地势总体西北高东南低,地貌属浅切低山溶蚀、侵蚀地貌类型。上部结构为 3×30 mT 梁+1 100 m 悬索桥+2×30 mT 梁,主桥为单跨 1 100 m 钢桁梁悬索桥,两岸主缆边跨分别为 302 m、143 m,主缆垂跨比为 1/10,主塔塔高分别为 139 m、141 m;引桥为预应力混凝土 T 梁桥。下部结构中,主塔采用薄壁空心钢筋混凝土桥塔,承台群桩基础;引桥墩为双柱式圆墩,圆桩基础;锚碇为重力式锚(瓮安岸)及隧道式锚(开阳岸)。开阳岸锚碇设计为隧道式嵌岩锚碇,设计以中风化基岩为基础持力层,锚碇抗滑移摩阻系数不小于 0.6,锚碇混凝土与岩体接触面黏聚力不小于 170 kPa;锚塞体单缆最大缆力 2.56 万 t,抗拔安全系数不应小于 2.0;设计围岩稳定安全系数不应小于 4.0。

7.4.2 缩尺模型试验设计

经过多次反复计算并结合施工情况,最终确定模型锚塞体按照实际体型进行1∶10比例缩小,如图7.20所示,据此确定双模型锚塞体的间距和尺寸(两模型锚塞体尺寸相同)。双模型锚塞体尾端距离为1 150 mm,前端距离为1 350 mm,长度均为3 200 mm。断面为城门洞形,底端截面高为2 158.7 mm,宽为1 550 mm,前端截面高为1 558.7 mm,宽为1 350 mm。双模型锚塞体轴线倾角均为36.2°,单缆最大缆力2 560 kN。

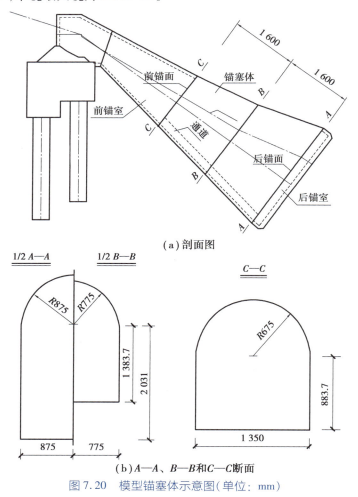

(a)剖面图

(b)A—A、B—B和C—C断面

图7.20 模型锚塞体示意图(单位:mm)

采用自平衡法(后推法)测试技术对开州湖大桥进行试验测试,试验装置示意如图 7.21 所示。在模型锚塞体尾端位置安设千斤顶及位移杆(每个模型锚塞体下位移杆 2 个、上位移杆 4 个),沿着垂直作用方向加载,测试出模型锚塞体承载力和荷载-位移关系曲线表达式,从而计算得到模型锚塞体的极限承载力及荷载-位移关系曲线特性。

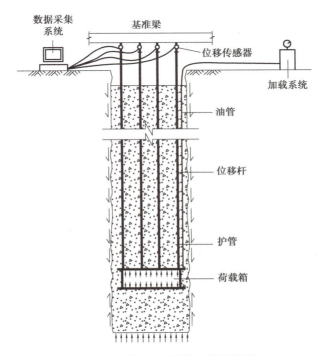

图 7.21　锚塞体自平衡试验示意图

试验加载过程采用慢速维持荷载法。加载分级规定为:试验每级荷载的加载值为预估极限荷载承载力的 1/10,第一级采用 2 倍分级荷载进行加载,第 1 h 内应在 5 min、15 min、30 min、45 min、60 min 各测读一次位移量,以后每隔 30 min 测读一次。卸载分级规定为:荷载最后一级荷载加载完成后,应分级将荷载卸载至 0,每级卸载量按 2 倍分级荷载进行;每级荷载卸载后隔 15 min 测读一次,读两次后,隔 30 min 再读一次,即可卸下一级荷载,全部卸载后,隔 3~4 h 再读一次。荷载维持标准规定为:在加载和卸载时,应保持荷载传递均匀和连续,且无任何冲击荷载产生,每级荷载变化幅度不超过分级荷载±5%;每级荷载作用下每小时内的位移增量不超过 0.01 mm,并连续出现 3 次;每级加载量为预估加载量的 1/10,第一次按 2 倍分级荷载加载;每级卸载量为 2 倍加载值,见表 7.4。

表 7.4　加载分级

试验级别	1	2	3	4	5	6	7	8	9
加载值/kN	5 120	7 680	10 240	12 800	15 360	17 920	20 480	23 040	25 600
试验级别	10	11	12	13	14				
加载值/kN	20 480	15 360	10 240	5 120	0				

7.4.3　缩尺模型试验结果

锚塞体加载过程的位移-时间对数曲线如图 7.22 所示。锚塞体在 5 120 ~ 25 600 kN 加载下均衡加载 30 min 后,位移在各级荷载作用下的变化规律有所不同,总体呈现出随荷载值加载时间的延长而增大的趋势。位移基本发生在加载 15 ~45 min 内,且每级荷载值加载下,其位移最大不超过 5 mm。各级荷载增大后,其位移相对增大。对比左洞和右洞的加载-位移曲线可发现,右洞在各级荷载加载下的位移均高于左洞,部分位移值高出 5 mm。

模型锚塞体底部在加载后的荷载-位移曲线如图 7.23 所示。在底部荷载加载过程中,随着加载荷载从 0 增至 25 600 kN,模型锚塞体表层以及底部的位移均呈增加的趋势。当极限荷载为 25 600 kN 时,模型锚塞体的抗拔力为设计值的 10 倍,模型锚塞体及周围岩体无破坏迹象,两个模型锚塞体洞口位置出现轻微裂缝开展,荷载-位移曲线为缓变形。模型锚塞体右洞表层位移为 29.0 mm,模型锚塞体左洞表层位移为 22.2 mm;右洞底部位移为 12.9 mm,左洞底部位移为 12.2 mm。在荷载箱卸载后,模型锚塞体右洞表层残留位移为 13.0 mm,模型锚塞体左洞表层残留位移为 11.5 mm;右洞底部位移为 1.3 mm,左洞底部

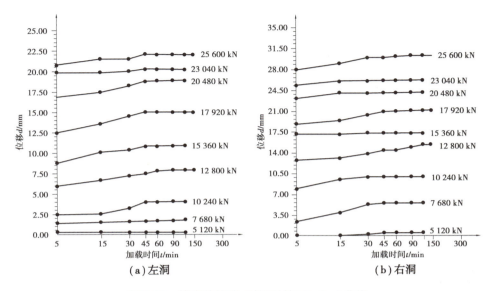

图 7.22　锚塞体位移−时间对数(δ−lg t)曲线

位移为 0.95 mm。对比两个锚塞体的加、卸载过程不难发现,右洞锚塞体在加、卸载过程中的位移均高于左洞,即使卸载完成后,仍表现出相同的规律。根据《公路悬索桥设计规范》(JTG/T D65−05—2015)的要求和开州湖大桥的设计,该桥在运营阶段最大允许位移为 11.0 mm,最大允许竖向变形为 22.0 mm。通过试验发现,当锚塞体的抗拔力超过 10 倍设计值时,大桥位移量将超过允许值。经计算发现,在右、左洞锚塞体抗拔力分别是设计值的 8 倍和 9 倍时,其位移均不超过允许设计值。在设计中要求抗拔安全系数不应小于 2.0,围岩稳定安全系数不应小于 4.0。本试验结果中安全系数可达到 8 倍设计值,即安全系数达到 8.0,远高于设计要求,可见开州湖大桥在运行中有足够的安全性。

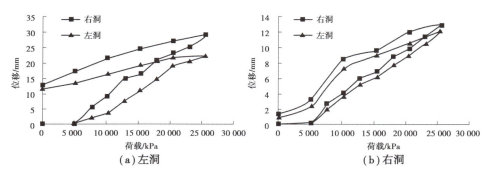

图 7.23　模型锚塞体的荷载－位移关系曲线

7.5　本章小结

　　隧道式锚碇因其体量小、承载力高以及对环境扰动小等优点被日益广泛地应用于悬索桥的建设当中。掌握锚塞体与围岩间的荷载传递特征与岩体的变形破坏规律,是揭示隧道式锚碇抗拔承载机理、指导隧道式锚碇结构设计、扩大隧道式锚碇应用范围的基础和前提。缩尺模型试验将锚址区的原岩作为直接承载介质,依据几何相似比构筑楔形锚塞体,同时借助高精度的测试元件,可以较准确地获得隧道式锚碇承载过程中锚塞体的力学响应特征和岩体的变形发展规律及破坏演化过程,是研究隧道式锚碇抗拔承载机理的重要手段和方法。本章列举若干隧道式锚碇缩尺模型试验的典型案例,结合本书前述关于软岩隧道式锚碇的缩尺模型试验等有关内容,进一步梳理了隧道式锚碇缩尺模型试验的一般流程,以期为类似的工程提供借鉴和参考。

参考文献

［1］祝敏方.山区高速公路桥梁设计探讨［J］.公路,2003,48(5):33-37.

［2］田顶立.浅谈山区高速公路桥梁的设计［J］.工程与建设,2008,22(1): 71-73.

［3］吕令钊,张文涛.论山区高速公路中的桥梁设计［J］.交通标准化,2011, (3):248-252.

［4］HAN Y F,LIU X R,WEI N,et al. A comprehensive review of the mechanical behavior of suspension bridge tunnel-type anchorage［J］. Advances in Materials Science and Engineering,2019,2019:1-19.

［5］刘健新,胡兆同.大跨度吊桥［M］.北京:人民交通出版社,1995.

［6］HAN Y,CHEN Z Q,LUO S D,et al. Calculation method on shape finding of self-anchored suspension bridge with spatial cables［J］. Frontiers of Architecture and Civil Engineering in China,2009,3(2):165-172.

［7］MARCHIONNA C,PANIZZI S. An instability result in the theory of suspension bridges［J］. Nonlinear Analysis,2016,140:12-28.

［8］张宜虎,邬爱清,周火明,等.悬索桥隧道锚承载能力和变形特征研究综述 ［J］.岩土力学,2019,40(9):3576-3584.

［9］汪海滨,高波,孙振.悬索桥隧道式锚碇系统力学行为研究［J］.岩石力学与

工程学报,2005,24(15):2728-2735.

[10] 赵敏,郑国栋.悬索桥造型设计的美学分析[J].北方交通,2008(10): 68-71.

[11] 武晓勇.悬索桥的主要构造[J].黑龙江交通科技,2012,35(1):72.

[12] 刘新荣,韩亚峰,景瑞,等.隧道锚承载特性、变形破坏特征及典型案例分析[J].地下空间与工程学报,2019,15(6):1780-1791.

[13] 肖本职,吴相超.隧道式锚碇围岩稳定性研究现状及探讨[J].地下空间与工程学报,2006,2(3):495-498.

[14] 卫军,杨曼娟,朱玉,等.悬索桥隧道式锚碇设计及结构性能分析[J].城市道桥与防洪,2005(6):49-52.

[15] 王东英,尹小涛,杨光华.悬索桥隧道式锚碇夹持效应的试验研究[J].岩土力学,2021,42(4):1003-1011.

[16] 王东英,汤华,尹小涛,等.隧道式锚碇承载机制的室内模型试验探究[J].岩石力学与工程学报,2019,38(S1):2690-2703.

[17] SERRANO A,OLALLA C. Tensile resistance of rock anchors[J]. International Journal of Rock Mechanics and Mining Sciences,1999,36(4):449-474.

[18] KILIC A,YASAR E,CELIK A G. Effect of grout properties on the pull-out load capacity of fully grouted rock bolt[J]. Tunnelling and Underground Space Technology,2002,17(4):355-362.

[19] HYETT A J,BAWDEN W F,REICHERT R D. The effect of rock mass confinement on the bond strength of fully grouted cable bolts[J]. International Journal of Rock Mechanics and Mining Sciences & Geomechanics Abstracts, 1992,29(5):503-524.

[20] 胡波,曾钱帮,彭运动,等.隧道锚碇围岩稳定分析及破坏模式研究[J].中国科学院研究生院学报,2008(4):487-492.

[21] LIU X R,HAN Y F,LI D L,et al. Anti-pull mechanisms and weak interlayer

parameter sensitivity analysis of tunnel-type anchorages in soft rock with underlying weak interlayers[J]. Engineering Geology,2019,253:123-136.

[22] 梁宁慧,张锐,刘新荣,等.软岩地质条件下浅埋隧道锚缩尺模型试验[J]. 重庆大学学报,2016,39(6):78-86.

[23] 李栋梁,刘新荣,杨欣,等.地震力作用下浅埋双侧偏压隧道松动的围岩压力[J].中南大学学报(自然科学版),2016,47(10):3483-3490.

[24] 何思明.抗拔桩破坏特性及承载力研究[J].岩土力学,2001,22(3):308-310.

[25] ZHANG Q Q,LI S C,LI L P. Field and theoretical analysis on the response of destructive pile subjected to tension load[J]. Marine Georesources & Geotechnology,2015,33(1):12-22.

[26] 刘新荣,李栋梁,张梁,等.干湿循环对泥质砂岩力学特性及其微细观结构影响研究[J].岩土工程学报,2016,38(7):1291-1300.

[27] 闫莫明.岩土锚固技术手册[M].北京:人民交通出版社,2004.

[28] BS5400. Steel concrete and composite bridges[S]. British Standards Institution,London:1985.

[29] LI D L,LIU X R,LIU X S. Experimental study on artificial cemented sand prepared with ordinary Portland cement with different contents[J]. Materials, 2015,8(7):3960-3974.

[30] CHEN S H,FU C H,ISAM S. Finite element analysis of jointed rock masses reinforced by fully-grouted bolts and shotcrete lining[J]. International Journal of Rock Mechanics and Mining Sciences,2009,46(1):19-30.

[31] 刘新荣,李栋梁,王震,等.酸性干湿循环对泥质砂岩强度特性劣化影响研究[J].岩石力学与工程学报,2016,35(8):1543-1554.

[32] DONGLIANG L,XINRONG L,FENGMING L. Analysis on stability of shallow buried and bias tunnel with different slope in loess[J]. Electronic Journal of

Geotechnical Engineering,2014,19:6577-6588.

[33] 周念先.我国公路、铁路斜张桥能否超千米大跨[J].铁道标准设计,1992,35(6):1-15.

[34] PELKE E,KURRER K E. The art of major bridge-building - Hellmut Homberg and his contribution to multiple cable-stayed spans[J]. Steel Construction,2012,5(4):251-265.

[35] 陈明宪.斜拉桥的发展与展望[J].中外公路,2006,26(4):76-86.

[36] AMMANN O H. George Washington bridge: General conception and development of design[J]. Transactions of the American Society of Civil Engineers,1933,97(1):1-65.

[37] SUN J,MANZANAREZ R,NADER M. Suspension cable design of the new San francisco-oakland bay bridge[J]. Journal of Bridge Engineering,2004,9(1):101-106.

[38] LI D L,LIU X R,LI X W,et al. The impact of microearthquakes induced by reservoir water level rise on stability of rock slope[J]. Shock and Vibration,2016,2016:1-13.

[39] PÁEZ-PÉREZ D,SÁNCHEZ-SILVA M. A dynamic principal-agent framework for modeling the performance of infrastructure[J]. European Journal of Operational Research,2016,254(2):576-594.

[40] 黄东.山区公路悬索桥隧道锚碇作用机理及应用研究[D].重庆:重庆交通大学,2011.

[41] 蒋劲松.隧道式锚碇在悬索桥上的应用[J].西南公路,2002(2):26-28.

[42] 吴相超,肖本职,彭朝全.重庆长江鹅公岩大桥东锚碇岩体力学参数研究[J].地下空间,2003(2):136-138.

[43] 周磊.悬索桥锚碇结构长期安全监测合理测点布置技术研究[D].重庆:重庆交通大学,2012.

［44］臧万军.带预应力锚索的复合式隧道锚试验研究［D］.成都:西南交通大学,2005.

［45］刘波,曾宇,彭运动.坝陵河大桥隧道锚隧洞稳定及支护优化设计［J］.公路,2009,54(7):212-217.

［46］朱杰兵,唐爱松,黄正加,等.四渡河深切峡谷悬索桥关键技术研究:隧道锚模型拉拔试验研究报告［R］.武汉:长江科学院,2005.

［47］张明.山区悬索桥隧道锚围岩质量评价与破坏模式研究［D］.重庆:重庆交通大学,2013.

［48］阳金惠,郭占起,万仁辉,等.隧道式锚碇加锚杆在万州长江二桥锚固系统中的应用［J］.公路,2002,47(1):40-43.

［49］ANDONOV E. Evaluation of rock mass stability around tunnels of the irrigation system "afrin"［J］. Journal of Mining Science,2005,41(4):320-331.

［50］刘新荣,李栋梁,吴相超,等.泥岩隧道锚承载特性现场模型试验研究［J］.岩土工程学报,2017,39(1):161-169.

［51］YANG T H,XU T,LIU H Y,et al. Rheological characteristics of weak rock mass and effects on the long-term stability of slopes［J］. Rock Mechanics and Rock Engineering,2014,47(6):2253-2263.

［52］程鸡鑫,夏才初,李荣强.广东虎门大桥东锚碇岩体稳定性分析［J］.同济大学学报(自然科学版),1995,23(3):338-342.

［53］陈有亮.虎门大桥东锚碇重力锚及基岩的稳定性［J］.工程力学,1996,13(S3):142-148.

［54］邬爱清,彭元诚,黄正加,等.超大跨度悬索桥隧道锚承载特性的岩石力学综合研究［J］.岩石力学与工程学报,2010,29(3):433-441.

［55］张奇华,胡建华,陈国平,等.矮寨大桥基础岩体稳定问题研究［J］.岩石力学与工程学报,2012,31(12):2420-2430.

［56］肖本职,吴相超,彭朝全.重庆鹅公岩大桥隧道锚碇围岩稳定性［J］.岩石

力学与工程学报,2005,24(S2):5591-5597.

[57] LI D L,LIU X R,WU X C,et al. Three-dimensional elastoplastic analysis on the stability of tunnel anchorage in soft rock[C]//Fourth Geo-China International Conference. Shandong, China. Reston, VA, USA: American Society of Civil Engineers,2016:166-175.

[58] HAJIABDOLMAJID V, KAISER P K, MARTIN C D. Modelling brittle failure of rock[J]. International Journal of Rock Mechanics and Ming Sciences,2002, 39(6):731-741.

[59] 夏才初,程鸿鑫,李荣强.广东虎门大桥东锚碇现场结构模型试验研究[J].岩石力学与工程学报,1997,16(6):571-576.

[60] 朱杰兵,邬爱清,黄正加,等.四渡河特大悬索桥隧道锚模型拉拔试验研究[J].长江科学院院报,2006,23(4):51-55.

[61] 邬爱清,周火明,张奇华.悬索桥隧道锚岩石力学关键技术及应用[M].北京:科学出版社,2019.

[62] 肖本职,吴相超,姚文明.悬索桥隧道锚锭围岩体极限承载力灰色预测[J].岩土力学,2003,24(S1):143-145.

[63] 胡波,曾钱帮,饶旦,等.锚碇-围岩系统在拉剪复合应力条件下的变形规律及破坏机制研究:以坝陵河特大岩锚悬索桥为例[J].岩石力学与工程学报,2007,26(4):712-719.

[64] 胡波,赵海滨,王思敬,等.隧道锚围岩拉拔模型试验研究及数值模拟[J].岩土力学,2009,30(6):1575-1582.

[65] 赵海斌,于新华,彭运动,等.坝陵河大桥隧道锚围岩力学特性原位试验研究[J].河海大学学报(自然科学版),2009,37(6):680-684.

[66] 张奇华,余美万,喻正富,等.普立特大桥隧道锚现场模型试验研究:抗拔能力试验[J].岩石力学与工程学报,2015,34(1):93-103.

[67] 汪海滨,高波.悬索桥隧道式复合锚碇承载力计算方法[J].东南大学学报

（自然科学版）,2005,35(S1):89-94.

[68] 汪海滨.悬索桥隧道式复合锚碇系统作用机理研究[D].成都:西南交通大学,2006.

[69] YIN J H,ZHU J G,GRAHAM J. A new elastic viscoplastic model for time-dependent behaviour of normally and overconsolidated clays:Theory and verification[J]. Canadian Geotechnical Journal,2002,39(1):157-173.

[70] GAO Z W,ZHAO J D,YAO Y P. A generalized anisotropic failure criterion for geomaterials[J]. International Journal of Solids and Structures,2010,47(22/23):3166-3185.

[71] SUN D A,CUI H B,MATSUOKA H,et al. A three-dimensional elastoplastic model for unsaturated compacted soils with hydraulic hysteresis[J]. Soils and Foundations,2007,47(2):253-264.

[72] LIU X R,HAN Y F,YU C T,et al. Reliability assessment on stability of tunnel-type anchorages[J]. Computers and Geotechnics,2020,125:103661.

[73] 杨忠平,刘树林,柯炜,等.隧道锚尺寸对其承载特性的影响及破坏机理[J].地下空间与工程学报,2017,13(5):1234-1241.

[74] 张利洁,黄正加,丁秀丽.四渡河特大桥隧道锚碇三维弹塑性数值分析[J].岩石力学与工程学报,2004,23(S2):4971-4974.

[75] 罗莉娅,卫军.岩体蠕变对悬索桥隧道锚围岩稳定性的影响分析[J].中南公路工程,2007,32(3):133-136.

[76] 茅兆祥,王成树,张奇华.某特大悬索桥隧道锚碇区岩体稳定性分析[J].公路,2011,56(8):5-8.

[77] 彭建国,张奇华,胡惠华,等.矮寨悬索桥茶洞岸构筑物围岩及山体稳定性研究[J].重庆交通大学学报(自然科学版),2011,30(6):1298-1302.

[78] JIANG N,FENG J. Effect of cross section type of tunnel anchorage on its mechanical behavior for suspension bridge[J]. Journal of Chongqing Jiaotong U-

niversity: Natural science,2012,31(4):755-759.

[79] 曾钱帮,王思敬,彭运动,等.坝陵河悬索桥西岸隧道式锚碇锚塞体长度方案比选的数值模拟研究[J].水文地质工程地质,2005,32(6):66-70.

[80] 焦长洲,高波.隧道式锚碇与上覆隧道相互作用的力学性能研究[J].中国铁道科学,2008,29(5):65-71.

[81] 董志宏,张奇华,丁秀丽,等.矮寨悬索桥隧道锚碇稳定性数值分析[J].长江科学院院报,2005,22(6):54-58.

[82] 朱玉,卫军,李昊,等.悬索桥隧道锚与下方公路隧道相互作用分析[J].铁道科学与工程学报,2005,2(1):57-61.

[83] 于春.坝陵河大桥隧道锚碇围岩稳定性及与上方公路隧道相互影响分析[J].四川建筑,2008,28(1):106-108.

[84] 黎高辉,吴从师,邓泷波,等.悬索桥隧道式锚碇和下穿公路隧道相互作用机制研究[J].岩土力学,2010,31(S1):363-369.

[85] 张有天,王镭,陈平,等.裂隙岩体中水的运动与水工建筑物的相互作用[Z].中国水利水电科学研究院,2001.

[86] 梁宁慧,刘新荣,陈建功,等.岩体渗透特性对边坡稳定性影响分析[J].地下空间与工程学报,2006,2(6):1003-1006.

[87] ANDREEA C. Unsaturated slope stability and seepage analysis of a dam[J]. Energy Procedia,2016,85:93-98.

[88] HUAT B B K,ALI F H,LOW T H. Water infiltration characteristics of unsaturated soil slope and its effect on suction and stability[J]. Geotechnical & Geological Engineering,2006,24(5):1293-1306.

[89] CAMERA C,MASETTI M,APUANI T. Rainfall,infiltration,and groundwater flow in a terraced slope of Valtellina (Northern Italy):Field data and modelling[J]. Environmental Earth Sciences,2012,65(4):1191-1202.

[90] YELLISHETTY M,DARLINGTON W J. Effects of monsoonal rainfall on waste

dump stability and respective geo-environmental issues:A case study[J]. Environmental Earth Sciences,2011,63(6):1169-1177.

[91] SUN D M,ZANG Y G,SEMPRICH S. Effects of airflow induced by rainfall infiltration on unsaturated soil slope stability[J]. Transport in Porous Media, 2015,107(3):821-841.

[92] 戚国庆,黄润秋,速宝玉,等. 岩质边坡降雨入渗过程的数值模拟[J]. 岩石力学与工程学报,2003,22(4):625-629.

[93] WANG J,LI S C,LI L P,et al. Study on anchorage effect on fractured rock [J]. Steel and Composite Structures,2014,17(6):791-801.

[94] CAO L F,TEH C I,CHANG M F. Analysis of undrained cavity expansion in elasto-plastic soils with non-linear elasticity[J]. International Journal for Numerical and Analytical Methods in Geomechanics,2002,26(1):25-52.

[95] 黄宏伟,车平. 泥岩遇水软化微观机理研究[J]. 同济大学学报(自然科学版),2007,35(7):866-870.

[96] DOOSTMOHAMMADI R,MOOSAVI M,MUTSCHLER T,et al. Influence of cyclic wetting and drying on swelling behavior of mudstone in south west of Iran[J]. Environmental Geology,2009,58(5):999-1009.

[97] MENG Z P,XIAN X M. Analysis of the mechanical property of mudstone/shale in paralic coal measures and its influence factors[J]. Journal of Coal Science and Engineering(China),2013,19(1):1-7.

[98] CASTEL A,CORONELLI D,VU N A,et al. Structural response of corroded, unbonded posttensioned beams[J]. Journal of Structural Engineering,2011, 137(7):761-771.

[99] VU N A,CASTEL A,FRANÇOIS R. Response of post-tensioned concrete beams with unbonded tendons including serviceability and ultimate state[J]. Engineering Structures,2010,32(2):556-569.

[100] 解玉侠.悬索桥锚碇系统腐蚀状况评估与对策研究[D].重庆:重庆交通大学,2013.

[101] MALLAT S G. Multiresolution approximations and wavelet orthonormal bases of L 2（R）[J]. Transactions of the American Mathematical Society,1989, 315(1):69.

[102] SAHOO J P,KUMAR J. Stability of a circular tunnel in presence of pseudostatic seismic body forces[J]. Tunnelling and Underground Space Technology,2014,42:264-276.

[103] 孙钧.岩土材料流变及其工程应用[M].北京:中国建筑工业出版社,1999.

[104] SCHWARTZ C,KOLLURU S. The influence of stress level on the creep of unfilled rock joints[C]// Symposium on Rock Mechanics,1982.

[105] JIN J S,CRISTESCU N D. An elastic/viscoplastic model for transient creep of rock salt[J]. International Journal of Plasticity,1998,14(1/2/3):85-107.

[106] ALBRECHT A,KOHNLE U,HANEWINKEL M,et al. Storm damage of Douglas-fir unexpectedly high compared to Norway spruce[J]. Annals of Forest Science,2013,70(2):195-207.

[107] 芮勇勤,徐小荷,马新民,等.露天煤矿边坡中软弱夹层的蠕动变形特性分析[J].东北大学学报,1999,20(6):612-614.

[108] NISHIZAWA O,ONAI K,KUSUNOSE K. Hypocenter distribution and focal mechanism of AE events during two stress stage creep in Yugawara andesite [J]. Pure and Applied Geophysics,1984,122(1):36-52.

[109] STERPI D,GIODA G. Visco-plastic behaviour around advancing tunnels in squeezing rock[J]. Rock Mechanics and Rock Engineering,2009,42(2): 319-339.

[110] 金丰年.岩石的非线性流变[D].南京:南京工程兵学院,1997.

[111] 李永盛.单轴压缩条件下四种岩石的蠕变和松弛试验研究[J].岩石力学与工程学报,1995,14(1):39-47.

[112] 刘保国.岩体粘弹、粘塑性本构模型辨识及工程应用[D].上海:同济大学,1997:61-64.

[113] 彭苏萍,王希良,刘咸卫,等.“三软”煤层巷道围岩流变特性试验研究[J].煤炭学报,2001,26(2):149-152.

[114] 曹树刚,边金,李鹏.软岩蠕变试验与理论模型分析的对比[J].重庆大学学报(自然科学版),2002,25(7):96-98.

[115] 许宏发,陈新万.多项式回归间接求解岩石流变力学参数的方法[J].有色金属,1994(4):19-22.

[116] 刘文彬,刘保国,刘中战,等.基于改进PSO算法的岩石蠕变模型参数辨识[J].北京交通大学学报,2009,33(4):140-143.

[117] 李志敬,朱珍德,周伟华.基于CPSO算法的岩石蠕变模型非定常参数反演分析[J].河海大学学报(自然科学版),2008,36(3):346-349.

[118] 伍振志,王泉.基于改进遗传算法的粘弹性岩体力学参数反演[J].煤田地质与勘探,2006,34(3):44-46.

[119] 杨文东,张强勇,张建国,等.刚性承压板下深部岩体压缩蠕变参数反演[J].岩土力学,2009,30(3):762-768.

[120] 王中豪,周火明,李维树,等.基于细菌觅食优化算法的岩体压缩流变参数反演[J].长江科学院院报,2015,32(10):85-89.

[121] 吴相超.软岩隧道式锚碇原位缩尺模型试验及稳定性研究[D].重庆:重庆大学,2016.

[122] 李栋梁.复杂地层浅埋软岩隧道式锚碇受荷响应机制及设计计算方法研究[D].重庆:重庆大学,2017.

[123] 郭喜峰,周火明,程强,等.特大悬索桥隧道锚岩石力学综合研究[J].中国科学:技术科学,2018,48(7):799-809.

[124] 代明净,周昌栋,曾德礼,等.伍家岗长江大桥软岩隧道锚现场缩尺模型试验研究[J].桥梁建设,2021,51(6):68-75.

[125] 岳万友.冯子哲,饶克夏,等.绿汁江大桥超大倾角隧道锚快速施工技术[J].世界桥梁,2021,49(3):40-45.

[126] 戴自然,廖万辉,周旭,等.特大悬索桥现场隧道锚塞体自平衡法的承载特性研究[J].公路,2021,66(11):107-113.